SAKURASHIMEJI

GAKU TANAKA

HYOGA TAKADA

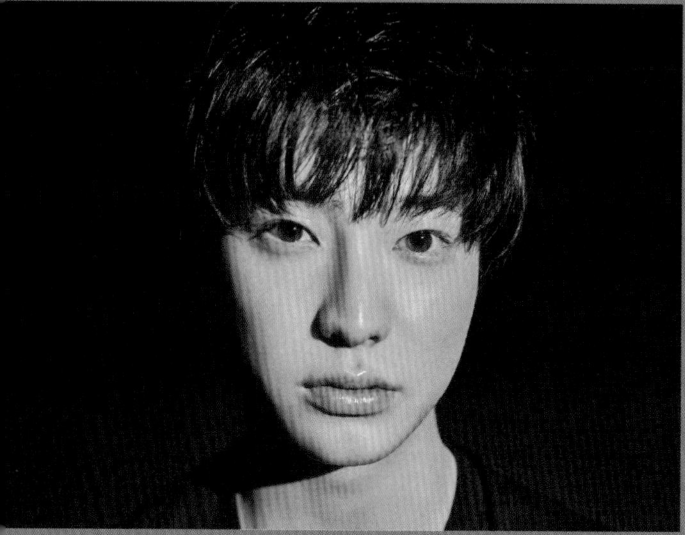

KINROKU
ANNIVERSARY

HIGH SCHOOL GRADUATION
COMMEMORATIVE BOOK

# 菌録アニバーサリー

## さくらしめじ高校卒業記念ブック

さくらしめじ

SAKURASHIMEJI

# CONTENTS

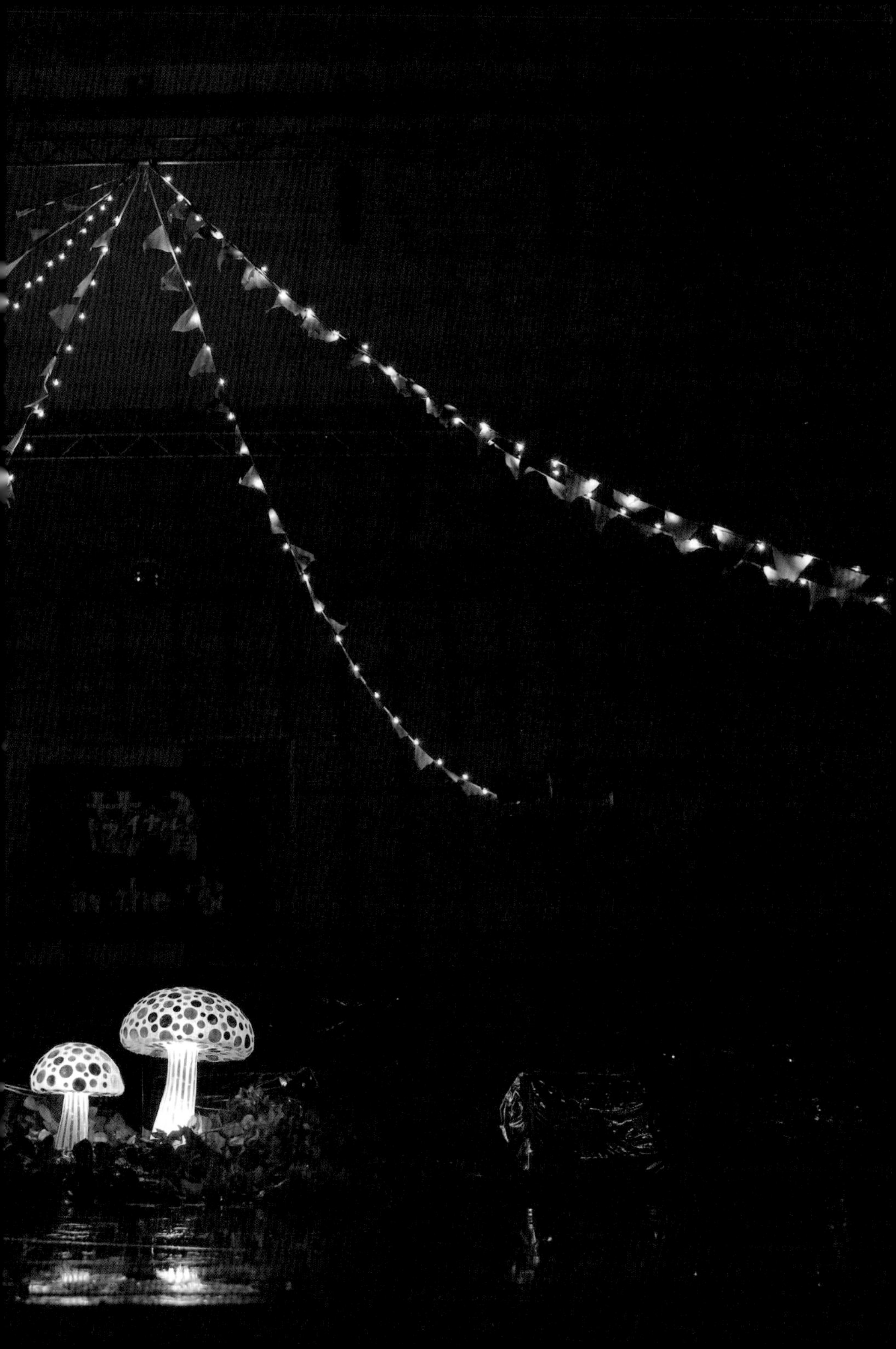

2017.4.23
春しめじのeat shun
in TOKYO DOME CITY HALL

2017.6.14
しめたん -さくらしめじが生まれた日-
in 下北沢GARDEN

# 2017.12.9
# 菌育 in the 家(はうす)スペシャル！
# in マイナビBLITZ赤坂

2018.6.14

## しめたん -さくらしめじが生まれた日- イヤイヤ期突入!?編

## in duo MUSIC EXCHANGE

# 2018.7.28
# 菌育 in the 家(はうす)ファイナル！
# 『真夏の星空ピクニック』
# in 日比谷野外大音楽堂

in the 家

ファイナル!
in the 家

2018.12.15
さくらしめじのHappy X'mash LIVE 2018
in 中野サンプラザ

2019.5.3
木もれ陽の中の春風キャンプ
in 日比谷野外大音楽堂

木もれ陽の中の
春風キャンプ

2019.6.14

しめたん

-さくらしめじが生まれた日 祝5周年- 告知!!サプライズ編

in duo MUSIC EXCHANGE

# 2019.7.27
# ドッ!菌!青春18本ツアー 埼玉公演
# in HEAVEN'S ROCK さいたま新都心 VJ-3

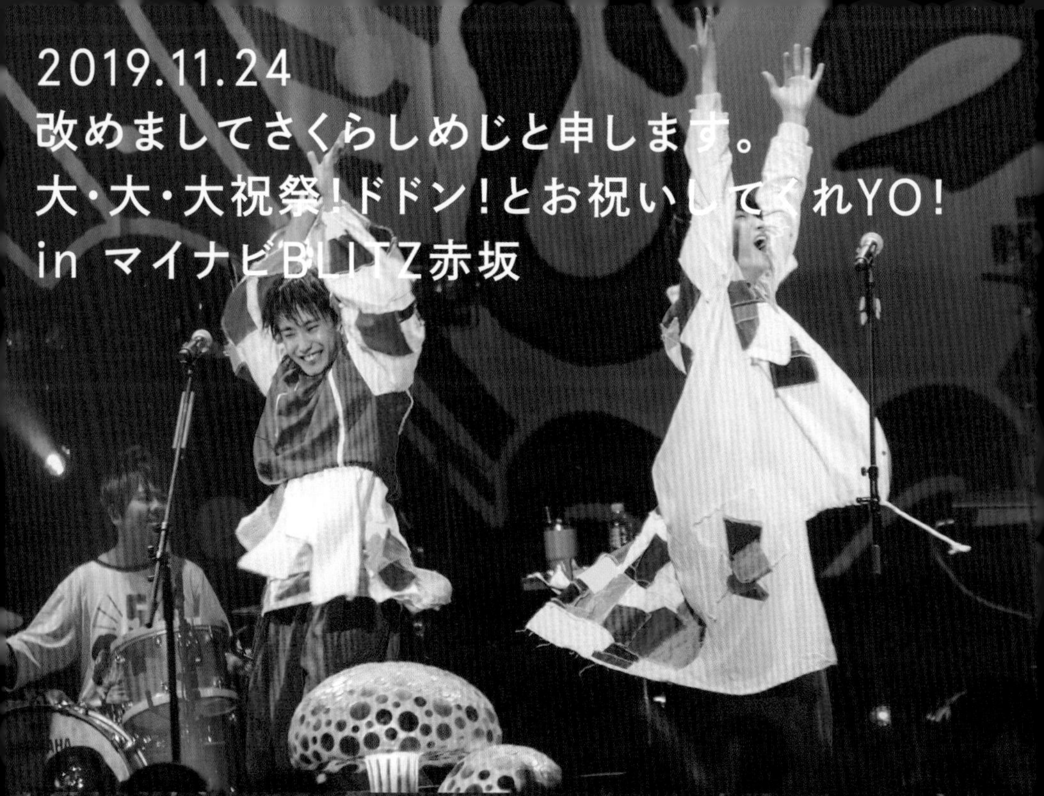

2019.11.24
改めましてさくらしめじと申します。
大・大・大祝祭！ドドン！とお祝いしてくれYO！
in マイナビBLITZ赤坂

森のきのこの音楽会
〜歌とギターとさくらしめじ。そして、きのこりあんを添えて〜
in マイナビBLITZ赤坂

宴

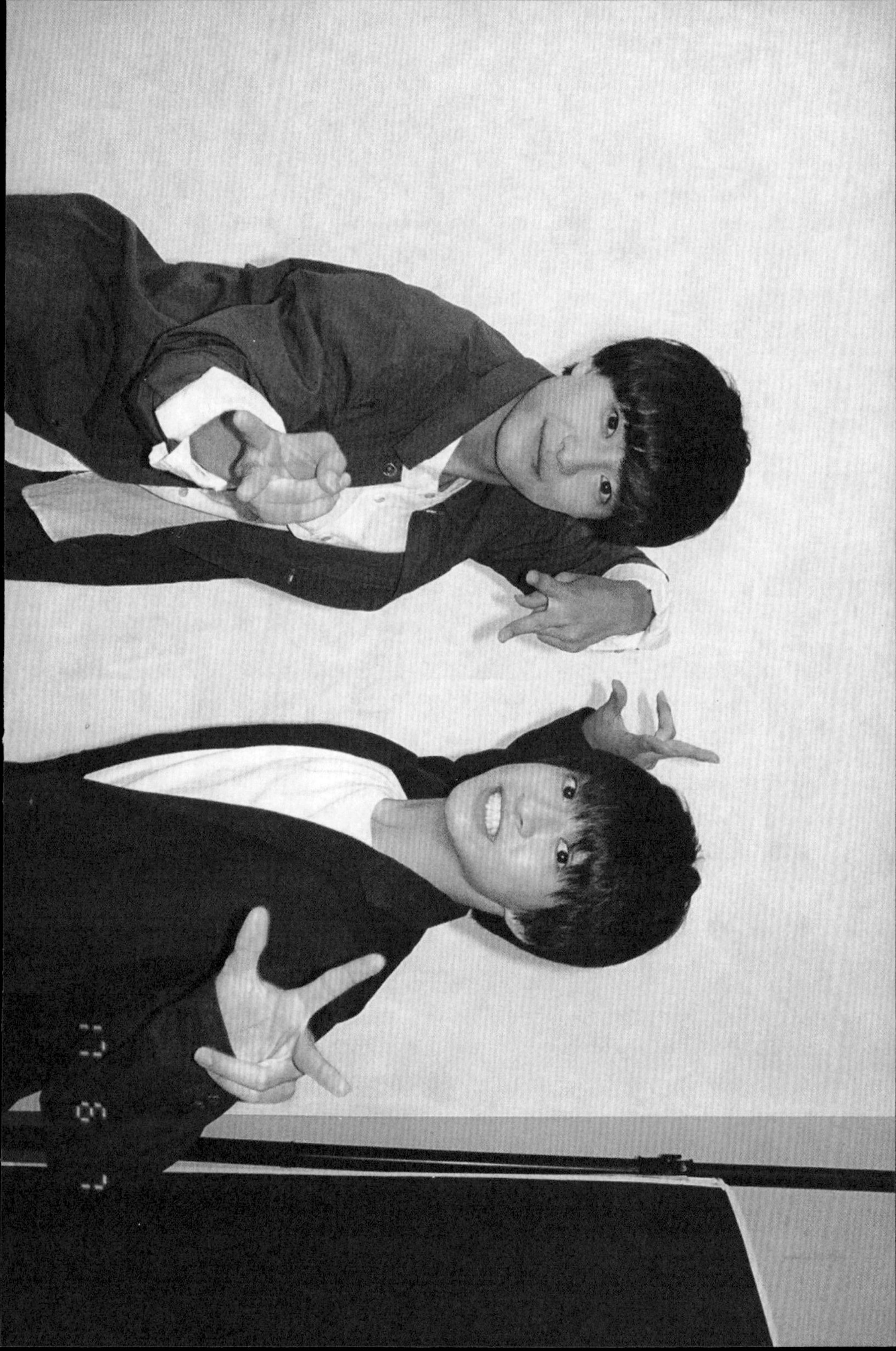

三原共同売店
BLUE SEAL
ブルーシール
お弁当
100円

知らなかったから心躍る。
知らなかったけど、落ち込まない。
少し大人になったつもりでも。
世の中を悟ったふりをしても、
本当に大人になって、悟ってしまったら
何も楽しくないんじゃない。
僕らがどれだけ大きくなったって、
海の向こうにはまだまだ「知らない」が溢れてる。
知らないから、楽しい。
知らないから、嬉しい。
知らないから、心躍る。
そんなことを僕は知った。

gaku

知らないことがある。
自分は未熟だと知る。
それに落胆する？
見たことない、広くて綺麗な海を見る。

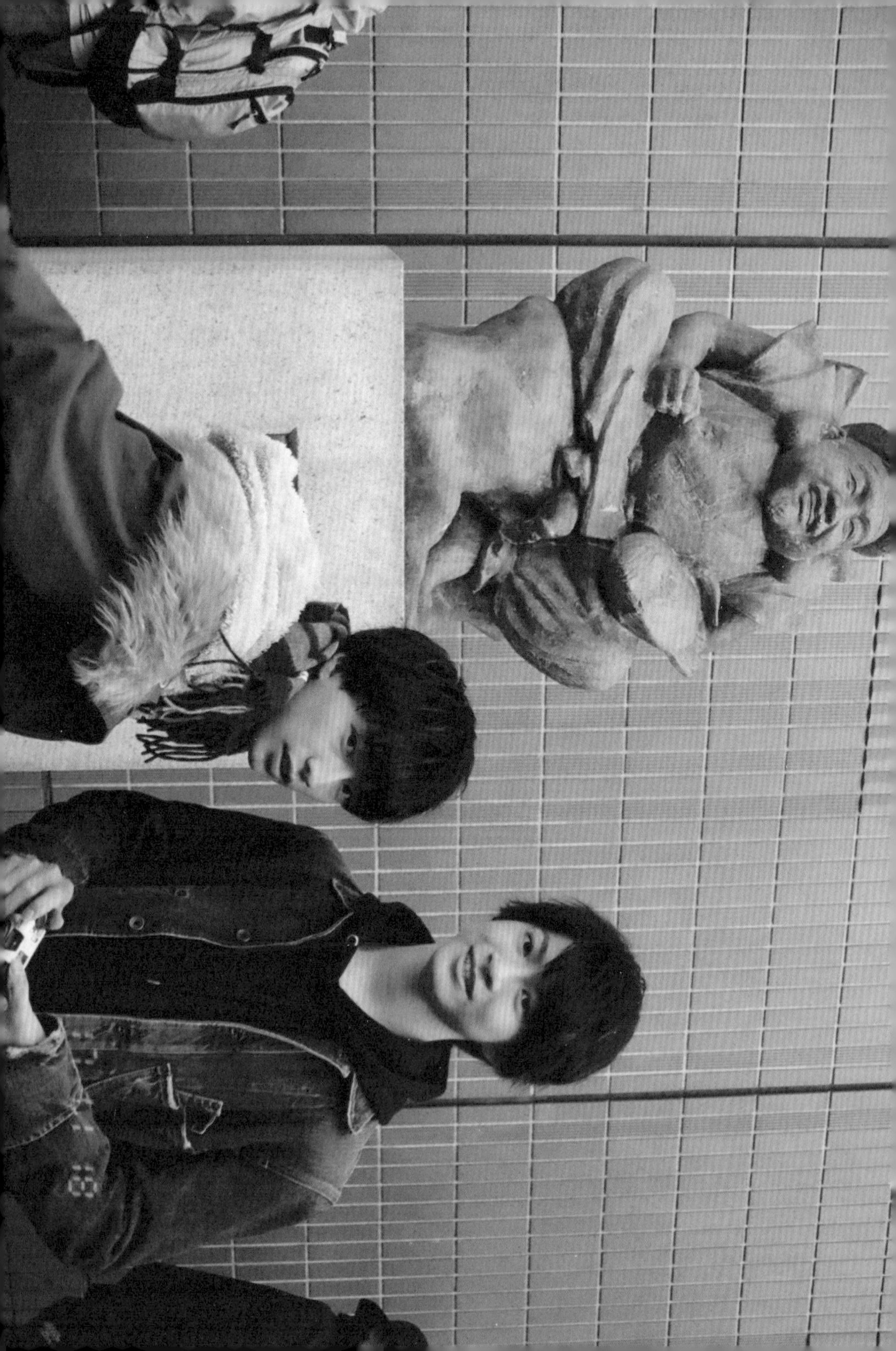

17 11 23

17 11 23

17 11 24

広島
Hiroshima
おかげさまで、
山陽道
全線開通
20周年

ベーカリー

福山

17 11 24

17 11 24

ようこそ
東広島へ

ようこそ
東広島へ

in the

H-BB.in
HIROSHIMA BACK BEAT
ワン!チャン!!
New Single
2017.09.20 Release
244,100円
2017.12.24(sun)
HIROSHIMA BACK BEAT
JAPANESE
ROCK
J-ROCK HITS
音楽スタジオ
SLOW DOWN
SHIMEJI

もしも葉っぱが1枚も無かったら
何が季節を彩るのだろう
木々の彩りがあり
その上に生活の色があるからこそ
景色に感動をするものだ

ほら　気づけばまた輝くよ
新しい季節の始まりだ

*hyoga*

もしも風の温度が感じられなかったら
季節は移ろうのだろうか
風の冷たさ　人の温かさ
全てを感じられるからこそ
その変化に嬉しくなるものだ

17 11 25

17 11 25

むさしの村森《もり》のステージ
17 11 26

出口
17 11 26

17 11 25

イリギタ
40
17 11 25

Gify Brand

郡山

4番線 発車時刻
Departure
21 18 OTARU
LOCAL
21 50 TEINE
LOCAL
3番線 発車時
Departure
OUT OF SERVICE
LOCAL
21 38
4
STOP
エレベーター
西改札口
West Gates

さくら
しめじ
さくらしめじ 1st フルアルバム
「ハルシメジ」リリース記念イベント
時間 13:30～
会場 ATC 海辺のステージ
3/24 土
＞＞ 詳しくはオフィシャルWEBサイトでご確認ください。
http://sakurashimeji.com

さっぽろ
羊ヶ丘展望台

人は人と人との間に漂うジメッとした雰囲気が嫌いだ。
そして、
相手が親しい人であればあるほど
温度が上がり空気は重くなっていく。
その場の人数が3人以上であればまだ良い。
が、2人だった時の湿度は高い。
気まずい空気に押しつぶされそうになる。
しかし、
それを乗り越えた先には心地よい空気がある。
相手との距離は近づいている。
ジメッとした雰囲気も悪くないのかもしれない。
きのこが、ジメッとした環境ほどすくすく育つように。

gaku

18 8 29

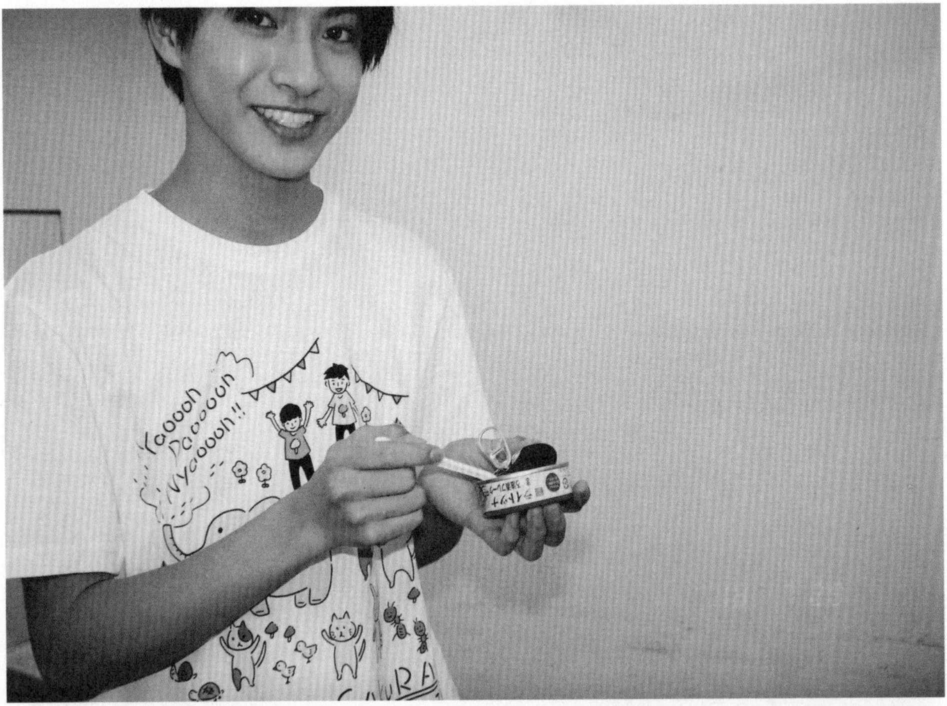

苗苗 in the 家(はうす) ファイナル!
「真夏の星空ピクニック」
in 日比谷野外大音楽堂
2018年7月28日(土)
SAKURA SHIMEJI

ファイナル！
「真夏の星空
ピクニック」
STAFF

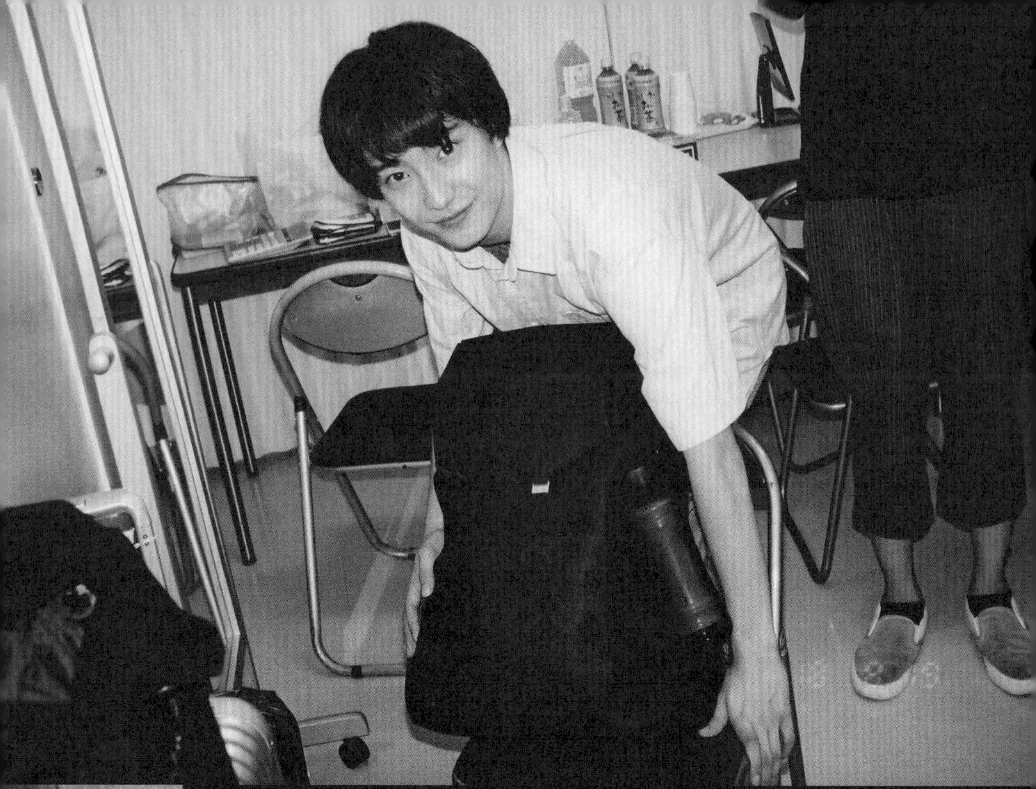

夏らしさがやってくる
暑い砂浜に冷たい海
懐かしさが蘇る
今日は何をみつけようか
青くて広い海は
本当の姿を現せと
僕たちに言ってくるけど
君も本当は青くないだろう

日が沈み始めた頃には
怒ったような赤色に染まるけど
そんな景色に憧れたんだ
海は本当の姿を映してくれるんだ
映し出されたものは綺麗で
一生の思い出になるものだったよ
あの日の景色もきっと
心の中に映ってるよ
夏らしさがやってきて
懐かしさが蘇る

hyoga

の思い出
AWA

VT FILII LVCIS·AMB

18 8 31

~50名様迄

宗家
川福
割烹
本店
高松
川福
川福本店 087-822-1956
ステーキ
雷伝

10 13

ようこそ
中国学園大学
中国短期大学へ
WELCOME

のリズム

さくらしめじと行く♪
きのこ狩りバスツアー

18 10 21

第2楽屋
くらしめじ
様

87 2 8

TOKYO 2020
TOKYO 2020

# さくらしめじの高校3年間

## 気づきの3年間
—— 雅功

## まつたけを目指した3年間
—— 彪我

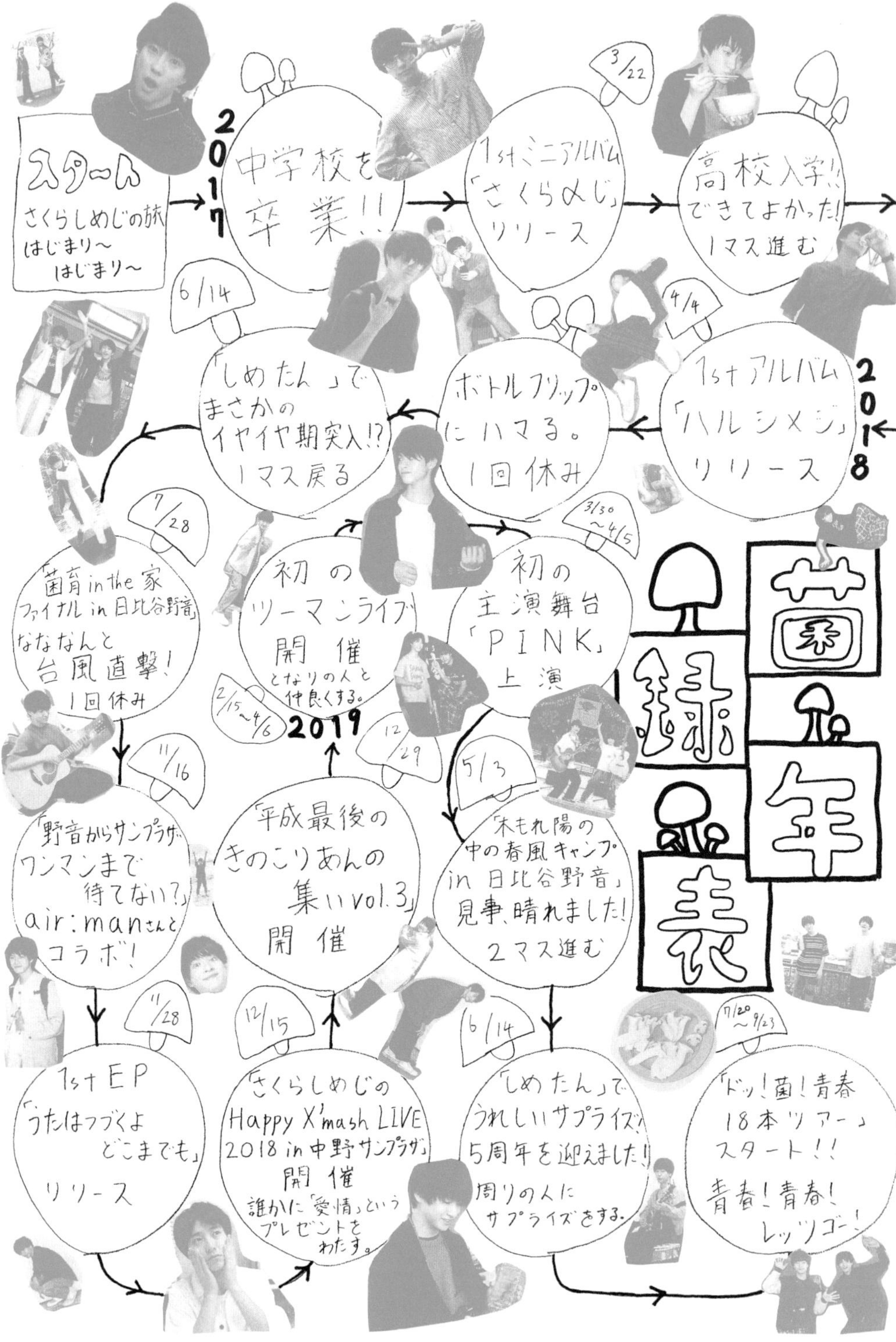
菌録年表
スタート
さくらしめじの旅
はじまり〜
はじまり〜
2017
中学校を卒業!!
3/22
1stミニアルバム
「さくらしめじ」
リリース
高校入学!!
できてよかった!
1マス進む
2018
4/4
1stアルバム
「ハルシメジ」
リリース
ボトルフリップ
にハマる。
1回休み
6/14
「しめたん」で
まさかの
イヤイヤ期突入!?
1マス戻る
7/28
「菌育 in the 家
ファイナル in 日比谷野音」
なななんと
台風直撃!
1回休み
11/16
「野音からサンプラザ
ワンマンまで
待てない?」
air:manさんと
コラボ!
11/28
1st EP
「うたはつづくよ
どこまでも」
リリース
12/15
「さくらしめじの
Happy X'mash LIVE
2018 in 中野サンプラザ」
開催
誰かに「愛情」という
プレゼントを
わたす。
12/29
「平成最後の
きのこりあんの
集い vol.3」
開催
2019
2/15〜4/6
初のツーマンライブ
開催
となりの人と
仲良くする。
3/30〜4/5
初の
主演舞台
「PINK」
上演
5/3
「木もれ陽の
中の春風キャンプ
in 日比谷野音」
見事、晴れました!
2マス進む
6/14
「しめたん」で
うれしいサプライズ!
5周年を迎えました!
周りの人に
サプライズをする。
7/20〜9/23
「ドッ!菌!青春
18本ツアー」
スタート!!
青春!青春!
レッツゴー!

4/23
「春しめじ の eat shun」開催
6/14
「しめたん ーさくらしめじが生まれた日ー」開催
7/8〜
「菌育 in the 家」スタート!!
初のライブハウスツアーにウキウキ
1マス進む
8/23
5th シングル「あやまリズム」リリース
11/11
沖縄! 美ら海水族館で感動!! 魚のマネをする
久し振りにやった「菌音これくしょん」で最高スコア!
「きのこりあんの集い vol.2」開催
8/12
ガク vs ヒョウガ
水風舟台バトルで相打ち!
1マス戻る
9/26
18本→19本に!
青春は終わらないみたい!
もう1回サイコロを振る。
11/24
「ガク&ヒョウガ」から「さくらしめじ」になって5年!
みんなでお祝い!!
In 赤坂BLITZ
12/29
「きのこりあんの集い Vol.4」開催
2020
レコーディングにて、ヒョウガがスタジオを間違える。
1マス戻る。
1/24
ヒョウガが、ガクの誕生日に、曲と、MVを作ってくる。
感動する。
2/4
2nd アルバム「改めまして、さくらしめじと申します。」リリース
3/30
高校卒業 ワンマンライブ開催!
ハッピーすぎるっ。
1マス進む。
高校卒業! 本当にできて良かった!!
ゴール!
そして、さくらしめじは、ビッグなきのこになるのであった。
笑

cross talk

# 菌録年表を見ながらお話しました！

# Gaku × Hyoga

全力で水風船をぶつけ合うんですけど、
思ったよりも割れなくて。
私服がめちゃくちゃ濡れちゃった！

**——年表を書きながら、改めて、高校3年間を振り返ったと思いますが、特に印象に残ってる出来事はありましたか。**

高田　初の野音が台風直撃だったっていうのは思い出になってますね。あれ以上に大変な経験はきっともうないと思う。しかも、僕はライブの一発目ですっ転んで。

田中　リハから「絶対に転ばないようにしないと」って話してたのにね（笑）。もちろん楽しかったし、さくらしめじ伝説にはなったけど、悔しい部分もあって。暴風雨でできないこともあったし、来られなかったお客さんもいたし。でも、だからこそ、2回目の野音はグッとくるものがあって。晴れてよかったと思いました。

高田　そのあとの『野音からサンプラザワンマンまで待てない？ライブ』で振付稼業air:manさんとコラボしたことも印象深くて。そのときに「てぃーけーじー」にフリが付いたんですよね。

田中　「てぃーけーじー」が生まれ変わった日だね！

高田　初の主演舞台『PINK』では緊張もしたけど、毎日、同じものをやるっていう、舞台ならではの体験もさせてもらって。あとは、やっぱり、ツーマンライブかな。お相手のライブもがっつり見れたし、最後の曲ではコラボもさせてもらって。自分たちの勉強にもなったし、楽しかった。それに、大好きなアーティストさんと一緒にお昼を食べることもできて。

田中　夢のようだったね、あれは。

**——オフステージで楽しかったことは？**

田中　水風船かな。去年の『ドッ！菌！青春18本ツアー』中に長野のライブハウスの駐車場でずっと2人でやってて。童心にかえりましたね。全力で水風船をぶつけ合うんですけど、思ったよりも割れなくて。ただただ最初は痛いっていう。私服がめちゃくちゃ濡れちゃって。

高田　パンツも濡れちゃったね。

田中　結構な量を使ったので片付けが大変だったけど、楽しかった。

高田　バンジージャンプもやったね。僕が「この夏にやりたいことリスト」に挙げてて。

田中　巻き添えにあいました……。

高田　群馬の猿ヶ京で62メートルくらいの赤い橋の上から飛んで。軽い気持ちでやりたいって言っちゃいましたけど、怖かったね。

田中　怖かったよ！　なぜか言い出しっぺじゃない、僕が最初に飛ぶことになって……。しかも、GoProを手に巻いて飛んだのに、録画ボタンを押してなかったっていう。

高田　あはははは。今年はスカイダイビングをやろうよ！

田中　嫌だよ。彪我がやると僕もやらなきゃいけないから、本当に嫌なんですよ。

**——（笑）。2人の間で流行ったことは？**

田中　2018年にペットボトルを投げて立たす“ボトルフリップ”にハマりましたね。練習の休憩とか、バンドリハの合間にやってて。だんだんうまくなっていったよね。

高田　「このミネラルウォーターならこのくらい

cross talk

世界のトップ、トリュフを目指して……。いつか豚さんに見つけられるようにがんばります！

だな」って。職人になっていきましたね。あと、雅功がここ1年くらい、ラップにハマって。すごいラップをしてくるんですよ。むしろ、日常会話がラップなくらい。

田中　そんなにレベル高くないよ！

髙田　気づいたら韻を踏んでるような。

田中　あははは。本当にやめて。ただ、フリースタイルの動画を見るのが好きなだけだから。

髙田　ラッパーの晋平太さんと10代限定のイベントもやらせてもらって。めちゃくちゃカッコよかったですね。

田中　あれはうれしかったですね。レジェンドだし、お客さんもみんな、泣きながらラップしてるから、すごい感動して。

**――年表には誕生日の話もありますね。**

田中　18歳の誕生日に彪我が曲とMVを作ってくれて。今までもらってきた誕生日プレゼントの中で一番うれしいものでしたね。「EIGHTEEN YEARS」っていうオリジナル曲で、まさかのユーロビート！　僕の写真をつなぎ合わせた映像も作ってくれて。めちゃくちゃうれしかったですね。YouTubeにもあげてあるのでぜひ見てほしいです。

髙田　15歳の誕生日は「15の夜」で、16歳は「ガクはまだ16だから～」って歌って。去年は、17歳の曲が見つからず、「翼の折れたエンジェル」にして。その流れで、18歳にまつわる曲を歌おうかなと思ったんですけど、探すよりも作った方がいいと思って作りました。

田中　なかなかの完成度で、彪我の才能も垣間見えた曲とMVでしたね。歌以外にも、去年はドクロのケースに入ったチュッパチャップス、一昨年がハート型の音がなるペーパーウェイトで、その前が肩凝り用のマッサージグッズをもらってます。逆に、僕があげたもので今でも大切に持ってるものある？

髙田　一番使ってるのはパンツですね。17歳の誕生日に雑誌『セブンティーン』と赤いパンツをもらったんです。勝負パンツですし、履き心地もいいし、今でも愛用しております。16歳のときはユニクロのヒートテックで、18歳は赤いニット帽と『うんこカレー』と激辛の『18禁カレー』と雑誌『ゼクシィ』。しかも、それが国際結婚用だったんですよ。

田中　結婚できる年齢になったということで。

**――あはははははは。お互いに3年間で変わったなと思うところはありますか。**

田中　変な意味で気を遣わずになんでも言えるようになったかな。彪我はまだだけど。

髙田　え？　そんなことないよ。

田中　僕は彪我に対してなんでも言えるようにはなったのかなって思いますね。中学までは、意識的ではないんですけど、どこかで遠慮してたところがあったんですけど、ライブを重ねたり、アルバムに向けて曲を作っていく中で、自分がどうしたいかが明確になってきて。だから、「いや、それは違うんじゃない」とも言えるようにはなったのかなって思う。

髙田　自分たちで今後のさくらしめじを作って

いくっていう意味では、確かにお互いに意見を出すようになったね。

田中　ただケンカはほぼほぼないですね。よく聞かれるんですよ。「ケンカしないの？」って。意見交換はあるけど、ケンカはないよね。

高田　ぶつかり合うことはないですね。

田中　僕らの中でケンカがないのは、意外と笑うタイミングが一緒だったりするからかな。

高田　そうだね。あと、物を忘れるタイミングも一緒だしね。だいたい雅功が忘れてる物は僕も忘れてる。

田中　でも、怒るタイミングはずれてるよね。彪我は怒ること自体がないのかな。

高田　僕が雅功を怒らせたことはあるよね。雅功の靴を踏んじゃったときとか。

田中　あはははは。僕の真っ白のおニューの靴を踏んじゃったときね。「は？」ってなったのはありますね。

高田　うっかりしてたんですよ。一歩、下がったら踏んじゃった。でも、あれは置いといた方が悪いよ。

田中　こういうこと言うんですよ、彼は。でも、彪我も怒るというか、イラッとしてることはあるよね。彪我がそんなにテンションが高くないときに、僕が異常に騒いでるとか。原因はなくて、ただただ、僕と彪我のテンションが合わない、みたいな。

高田　練習やリハーサルで忙しかった帰りとか、疲れていれば疲れているほど、彼はテンションが上がる気質なんですよ。ずっとボケてきたり、違う人を演じてたりとか。いきなり街中で歌い出したりとか。「なんだこいつ！」って思いながら帰ったことはありますね。

田中　帰らせないもんね、そういうときは。嫌がってるのはわかるんだけど。

**——（笑）。最後に、2人の高校3年間に名前をつけてもらえますか。**

田中　うーん、僕は「気づきの3年間」ですね。中学のときのさくらしめじとは違って、高校生になってからは、もう一歩、成長しようって思って。中学のときもやりたいことはあったけど、より具体的になっていったし、「こんなことをやりたい」とか「あんなこともやってみたい」って気づくことができた。それに、ツアーの1本1本の大切さとか、ライブに来てくれるお客さんの大切さにも気づいた。高校卒業を前に、結成からこれまでを振り返って、僕らの5年間は本当に尊いものだったんだなって感じてるし、こんなにも自分は音楽が好きだったんだなって実感もしていて。本当にたくさんのことに気づかされた3年間でしたね。

高田　僕は「まつたけを目指した3年間」ですね。

田中　あはははは。いいね。

高田　同じきのこ、同じ菌類のトップといえば、まつたけかトリュフですよね。まずは日本のトップ、まつたけを目指した3年間だったかなと思います。ツーマンライブや舞台もあったので成長できたし、着々とまつたけに近づいているのかなと思います。そして、やがては世界のトップ、トリュフを目指して……。

田中　そうだね。いつか豚さんに見つけられるようにがんばります！

3 Years 30 Songs

高校3年間の楽曲をセルフ解説♪

# 3年間の30曲!!!

さくらしめじが2017年4月～2020年3月の高校3年間で発表した30曲を解説！　曲を聴きながら読むと、新しい発見もあるかも!?　中学時代の曲は『菌録～桜の巻』(ドレミ楽譜出版社)をチェックしてね。

通常盤

はじめまして盤

2017年8月23日発売　5thシングル

## 『あやまリズム』

**通常盤**
M1. あやまリズム
M2. fragile
M3. ケセラセラララ

**はじめまして盤**
M1. あやまリズム
M2. fragile
M3. あやまリズム(カラオケ)

### 01　あやまリズム

GAKU

初めてこの曲を練習したときは、サビが上手く歌えなくて何回も練習したのを覚えています。MV撮影の現場はポップコーンの匂いがしました。[雅功]

HYOGA

初めてアニメのED曲に選ばれた曲です！　アップテンポでウキウキする曲調なので歌っていてとても楽しい曲なのですが、実は結構難しいんですよ……。しかし楽しい曲なので、みんなで一緒に歌いましょう！[彪我]

### 02　fragile

GAKU

僕はほぼハモだったのでレコーディングでの出番は非常に少なかったです。彪我が部屋の電気を消して練習していました。[雅功]

HYOGA

Every Little Thingさんの「fragile」をカバーさせていただきました！　少し大人な切ないこの歌をどうやって歌えばいいのだろうかと考え、照明を落として練習したのを覚えています。[彪我]

### 03　ケセラセラララ

GAKU

ライブではみんなが一緒に歌ってくれるから大好きな曲です。一緒に歌ってくれる人が増えたらいいなぁ。[雅功]

HYOGA

「ケセラセラ」の意味は「なるようになるさ」。しめじの曲の中では展開が多い曲です！　その分、ワクワク感やドキドキ感が常にありますよ～！　ライブで皆さんと一緒に歌いたいので、絶対に覚えてくださいね！[彪我]

通常盤

イベント会場限定盤

CD+DVD盤

2018年4月4日発売　1stアルバム

# 『ハルシメジ』

収録曲(共通)

M1. スタートダッシュ
M2. あやまリズム
M3. 靴底メモリー
M4. 菌カツ!
M5. かぜだより
M6. ねこの16ビート
M7. 夕空小道
M8. でぃすとーしょん
M9. 朝が来る前に
M10. えそらごと
M11. おもいでくれよん

## 04 スタートダッシュ

GAKU

タイトルからも伝わるように爽やかで疾走感がある曲なので、自分の中の爽やかさを最大限出して歌うようにしています。[雅功]

HYOGA

高校の通学で毎朝、満員電車に乗っていたのですが、イヤホンをつけて音楽を流すだけで、まるでそこがテーマパークに!……というのは言いすぎかもしれませんが、何気ない日々の中でも自分はいつでも変われるんだってことを歌っています![彪我]

## 05 靴底メモリー

GAKU

Every Little Thingの伊藤一朗さんに作曲していただき、僕たちが作詞した曲です。レコーディングでは一朗さん自らギターを弾いていただいて……!めちゃくちゃ感動したのを覚えています。[雅功]

HYOGA

この曲のテーマを決めるとき、ちょうど「靴底の減り方で歩き方のクセがわかる!」みたいな記事を読んでいたんですよ。そこから、靴底は歩いた分だけ減るし、減った分自分が歩いた証なんだというテーマに決まりました![彪我]

## 06 菌カツ!

GAKU

2人で作った曲です。2人で作ろう!ってなってから意外と時間がかからずできた気がします。はじめの、どんな曲にするか、歌い出しはどうするか、を定めるまでが大変でしたが、それが決まってからはすらすらと書けました。[雅功]

HYOGA

とにかく元気が出る!　Bメロの歌詞は1番が「き・の・こ」で、2番が「き・ん・か・つ」で、あいうえお作文になってます!　気づいている人は気づいてますかね〜(笑)。[彪我]

## 07 かぜだより

GAKU

実は、1番ギターがきつい曲なのです。1曲を通してずっとバレーコード(弦を全部押さえて鳴らすコード)。今でこそ平気でやってますが、最初は手が痛くてしょうがなかったです。僕たちの中でひっそりと"ハンドクラッシャー"って言ってました。[雅功]

HYOGA

これを聴くと本当に風を感じられます!　The エモ曲です!　サビで転調するところとか特にエモい!!!　でも実はギターが難しい曲でもあります。バレーコードがたくさん出てきて、練習当初は「指取れちゃうよ」とか言っていました(笑)。[彪我]

## 08 ねこの16ビート

GAKU

2番のBメロで彪我が「ほらエサをおくれ」って歌うのですが、初めて音源を聴いた親が「これ雅功?」って言ってきました。彪我の親も「これ雅功くん?」って言ってたらしいです。そんなにわかりませんか?[雅功]

HYOGA

ライブで踊れる曲のひとつです!　2019年のドッ菌ツアーからエレキギターを持って演奏するようになりました!!　ライブできのこりあんさんたちに踊ってもらいますが、ステージから見ると本当にねこに見えてきます。うわぁ、めっちゃねこおる、最高。[彪我]

## 09 夕空小道

GAKU

彪我が作詞した曲。めちゃめちゃこの詞が好きなんです。情景がはっきりと頭に浮かぶこの詞は彪我にしか書けないです。僕はほぼ歌わないのでレコーディングはすぐに終わりました。[雅功]

HYOGA

作詞をさせていただいてます。小学生のころ、帰りの通学路で夕陽を見ることが多かったのですが、それと同時にカラスに遭遇することが多かったんですよ。じ～っと見てたらいきなりバサって飛んできたという思い出も詰まった1曲です。カラス本当に恐い。[彪我]

## 10 でぃすとーしょん

GAKU

今ではこの曲、僕が荒ぶってますが、できたばかりのころは彪我が動のイメージで、僕が静のイメージでした。いつのまにか真逆になってますね。[雅功]

HYOGA

アコギのカッティング系のリフから始まるのですが、最初にデモ曲を渡されたときは「え、こんな難しいギターリフ弾けるのか……」と思っていました！ 今はエレキで弾いたり、バンドで演奏したり。ぜひライブに来て聴いてほしい1曲です！[彪我]

## 11 朝が来る前に

GAKU

最初にデモを聴いたとき、好きすぎて立ち上がった曲です。早く歌いたい！って思いました。いざ歌ってみるとなかなか難しく、最後まで歌い切る大変さを知りました。[雅功]

HYOGA

いい曲ですよね！ タイトルも「朝が来る前に」で、完全に言い切っていないところも良い！ 「朝が来る前に一体何をするんだい!? 学校の宿題を終わらせるのかい!?」って言いたくなりませんか？ なりません(笑)。[彪我]

## 12 えそらごと

GAKU

中学生のころから歌ってるみんな大好きな曲です。A面ではないですが、確実にみんなの心をつかんでいると思います。僕のイメージでは「必殺仕事人」です。[雅功]

HYOGA

この曲は9割妄想の世界での出来事を歌にしています！ だからこそ曲を聴いているとなんだかわくわくしてしまうのです！ 個人的にはイントロがめちゃめちゃ好きです！[彪我]

通常盤

イベント会場限定盤

CD+DVD盤

2018年11月28日発売　1st EP

**『うたはつづくよどこまでも』**

収録曲（共通）
M1. My Sunshine
M2. 恋音と雨空
M3. スプーンの初恋 ～あゝ、好きだよベイベー～
M4. 届けそこねたラブソング

## 13 My Sunshine

GAKU

学校の友だちがみんな好きって言ってくれる曲です。一緒にいる友だちが突然大きな声で「My Sunshine」を歌うので恥ずかしい思いをすることがよくありました。[雅功]

HYOGA

直訳すると「私の日光」。サビが高めで、たたみかけるように歌うのが特徴です！ 歌詞も歌い出しの「排気ガスに溺れた月が空に逃げて」なんて、難しすぎてどういうこと!?ってなりますが、この表現は「My Sunshine」しかできないですね。[彪我]

## 14　恋音と雨空

GAKU

AAAさんは高校入学してから友だちの影響で好きになりました。女性もいるグループのカバーはやはり歌うのに苦戦しました。歌のレンジが男性キーから女性キーまであるのでヒーヒー言って練習していました。[雅功]

HYOGA

AAAさんの楽曲をカバーさせていただきました。「好きだよ」という言葉は、歌詞の中で何回も出てくるのに、伝えられていないんですね。う〜ん、エモい(笑)。途中のラップを何回も練習しました！　2人で歌うことで、さくらしめじらしさも出しています！[彪我]

## 15　スプーンの初恋 〜あゝ、好きだよベイベー〜

GAKU

NHK『みんなのうた』で流れたときは、めちゃめちゃうれしかったです。小さいころNHKばかり見ていたので、NHKから流れてくる僕の声を聴くのは少し不思議でした。僕以上に親が騒いでました。[雅功]

HYOGA

NHK『みんなのうた』に選ばれた楽曲です！『みんなのうた』ですよ!!　これはさくらしめじだけの歌ではなく、みんなの歌なのです。[彪我]

## 16　届けそこねたラブソング

GAKU

大大大大大好きなコレサワさんに書いていただいた曲！　打ち合わせが大変でした。好きすぎて顔を見れなかったのですから。コレサワさんが歌ってくれたデモは家宝にしています。[雅功]

HYOGA

コレサワさんに提供していただいた曲で、さくらしめじにはあまりなかった失恋の曲なんですよ。間奏のギターソロからDメロの2人で追っかけながら歌う感じ、そこからの落ちサビの「君よりも大事なものなんてなかったんだよ」という歌詞。素敵すぎます……！[彪我]

祝5周年！盤

しめじのライブにレッツラ5！イベント会場限定盤※

ちょっぴり5ージャス！野音DVD付きWIZY限定盤※

※M1〜M11を収録

2020年3月4日発売　2ndアルバム

### 『改めまして、さくらしめじと申します。』

収録曲

M1. 風とあるがままに今を歩こう
M2. My Sunshine
M3. 1・2・3
M4. 同じ雲の下
M5. 合言葉
M6. いいじゃん
M7. Bun! Bun! BuuuN!
M8. たけのこミサイル
M9. 先に言うね
M10. しめじ体操
M11. お返しの約束
M12. 青春の唄
M13. イントロダクション

## 17　風とあるがままに今を歩こう

GAKU

僕たちの看板になる曲になればいいなと思い作りました。17、18歳の僕たちが、この令和の時代に確実に存在した証明になるとより良いです。同世代の人にはうなずいてもらえる曲なんじゃないかなぁと思っています。[雅功]

HYOGA

作家の鈴木裕哉さんと磯貝マナトさんとの共同作品です！　初めて作曲から作詞までを作家さんと共同で行ったので、いろんな意見が出てきて、採用されるものもあればボツになるのもあり、とても勉強になった1曲です！[彪我]

## 18　1・2・3

GAKU

中野サンプラザでのワンマンライブ『Happy X'mash LIVE 2018』のテーマソングです。何か始まりそうなワクワク感があり、歌っていても楽しくなる曲です。ライブで一緒に歌ってくれる人がもっと増えればいいですよね！[雅功]

HYOGA

中野サンプラザでのクリスマスライブで1曲目に披露した楽曲です。曲のアレンジがちょっとだけジャジーな感じなのが、とても良い！　あとラスサビで転調するんですよ。僕、転調する曲が大好きなので、そんな僕にもってこいの曲になっています(笑)！[彪我]

## 19 同じ雲の下

GAKU

大好きな曲です。学校の陽キャが「同じ空じゃなくて雲なんだねぇ」って言ってました。そこなんです！この曲の大切な部分は。なんで雲なのか！きっとこれを読んでる皆さんならわかると思ってます。[雅功]

HYOGA

この曲のどこがいいかと言いますと、Dメロですよ！「立ち止まってもいいよ　思う先にいつか進めるから」という歌詞が素敵すぎます……。夜とかよく部屋で聴いて1人で熱くなってます(笑)。いつでも笑顔で背中を支えてくれる、そんな1曲です。[彪我]

## 20 合言葉

GAKU

今の僕には染みる1曲です。HYの名嘉俊さんに書いてもらった曲。これを歌うと今までの学生生活が頭に流れ込んできて「染みるぅぅぅっ」ってなります。[雅功]

HYOGA

沖縄出身アーティストHYの名嘉俊さんに提供していただいた曲。アレンジで沖縄の楽器である三線の音が入っていたので、僕もこの曲をきっかけに三線を始めました！　この曲を聴くと、何気なく言っている「また明日」という言葉の大切さに気づかされます！[彪我]

## 21 いいじゃん

GAKU

この曲のレコーディングは過去一番、僕の調子が良かったと思います。それがうれしくてうれしくて、たぶんこの曲の僕の声は過去一番イキイキしていると思います。[雅功]

HYOGA

この曲を聴けば笑顔になれること間違いなし！ありのままの自分でいいじゃん！ということを歌っています！　僕たちも歌っていてとても楽しい1曲ですね。後半の「君は君でしかないんだから〜」のところがとにかく某アイドルっぽい(笑)！[彪我]

## 22 Bun! Bun! BuuuN!

GAKU

タオルまわしたい！という思いだけでできた曲です。作ろうと思った最初のイメージは遊助さんの「ミツバチ」でした。やっとCD音源にできて、めちゃめちゃうれしい……！[雅功]

HYOGA

とにかくタオルをまわせ〜！　今、この文章を読んでいる、そこのアナタも！という感じに、とにかくタオルをブンブンまわす曲！　僕たちは生まれたときからわかってるんですよ。「動かなきゃ変われない。」って。だからつべこべ言わずにタオルをまわせ!![彪我]

## 23 たけのこミサイル

GAKU

神曲!!!　彪我！ありがとう！と言ってしまうくらいの曲です。曲自体もめちゃいいんですが、やっぱりアレンジが神です。ナナホシ管弦楽団さんに最高級のタケノコを贈りたいです。[雅功]

HYOGA

アレンジは、ボカロPのナナホシ管弦楽団さん。最高にクールです。リア充を吹き飛ばすための“たけのこミサイル”。最近、駅のホームでイチャコラしてる人がいるんですよ。そんな人たちを吹っ飛ばす思いで、なんとサビの最後に爆発音が入ってます！　ヤッタネ！[彪我]

## 24 先に言うね

GAKU

僕が1番胸熱になる曲です。5月の野音では胸熱になりすぎて歌い終わったあと、最後じゃないのに「次で最後の曲です！」って言ってしまいトラウマです。[雅功]

HYOGA

「ふたりの関係に名前をつけたいよ」というサビ頭の歌詞は個人的にインパクトが大きいなと感じます。ストリングスが強めに入っていて、その厚さがより歌詞の意味や想いを強くしています！　言いたいこと、伝えたいことは何よりも先に伝えるのが1番です！[彪我]

## 25　しめじ体操

GAKU

体をほぐすのにもってこいの1曲です。僕たちが考えたんです、この体操。2人でゲラゲラ笑いながら考えました。NHKの朝の『ラジオ体操』でもやってほしいくらいです。[雅功]

HYOGA

渋谷WWWにて開催したツーマンライブでMC中にやった「しめじ体操」が1曲に！　でもただ体操をするだけでなく、歌詞には「さくらしめじ」とはどういうことなのか、「さくらしめじ」という名前の意味などが詰め込まれた曲になっています！[彪我]

## 26　お返しの約束

GAKU

僕と彪我にとってとても大切な人に届くように！と思ってできた曲です。ただ、歌が激ムズでして、メロといい、キーといい、リズムの取り方といい、結構苦労した曲です。[雅功]

HYOGA

1番と2番でアレンジが変わるこの曲。1番は自分の想いをまだ胸の中に秘めている感じ。2番で前を向いて「伝えなくては」と改めて決意をするようなイメージです。後半になるにつれて、ハモリが重なって、想いが強くなっていくのを表現しています。[彪我]

## 27　青春の唄

GAKU

僕たちが2019年の夏に作った曲です。今しか書けない曲を作りたい！と思って作りはじめました。1番は僕が作詞、彪我が2番の作詞。2人の世界観がうまく絡み合った楽曲です。[雅功]

HYOGA

ドッ菌ツアーの中で作り上げた1曲です。青春らしく、ドラムもギターもベースもストリングスも駆け抜ける感じで制作しました。歌詞も青春真っ只中！　間奏が終わったあとの楽器が無音になってガクの歌だけになるところは、特に聴いてほしいです！[彪我]

## 28　イントロダクション

GAKU

これも2人で作った曲です。「風とあるがままに歩こう」「青春の唄」と並んで、さくらしめじの今とこれからを歌っている曲です。レコーディングでは、ギターがなんとまさかの一発録り！　めちゃめちゃうれしかったです。[雅功]

HYOGA

ライブの曲と曲の間でちょっとしたものをやりたいね〜という話から制作した曲です！　普段ライブをしていて、その中でたくさんの方からの手拍子や歌声をもらえることがとてもうれしくて、その感謝の思いを歌詞にしました。[彪我]

## 29　ポンコツデリシャスロード(unreleased)

GAKU

彪我が初めてガチで作ってきた曲。もう、正直嫉妬しました。「初めてでそれかよぉ……」って。それまで僕はちょこちょこ作っていましたが、こんな完成度の高い曲は作れなかったので、凹みました。[雅功]

HYOGA

初めて自分1人で作詞作曲した曲！　きっとおなかがすいていたんだと思います(笑)。ポンコツだけどポンコツなりに飯をたらふく食いたい！という思いが込められていて、ライブでは食べたいものを想像しながら歌っています！　あぁ、お腹が減ってきた。[彪我]

## 30　勉強したいのに？(unreleased)

GAKU

実はこの曲、はじめはラブソングだったんです。しかも女の子目線の。書いたはいいけど、あんまりしっくりこなくて。自分の身近なことに落とし込んだ結果、テスト勉強の歌になりました。[雅功]

HYOGA

テストに追われ徹夜をするものの周りの物に気を取られ、勉強ができないよ！っていう曲です。歌詞に出てくる気を取られるエピソードは全部田中さんの実体験らしいです！　あるあるですよね〜、部屋の掃除がしたくなっちゃう(笑)。[彪我]

# さくらしめじの仲間たち

高校生になって加わったメンバーたちも含めて、さくらしめじの音楽に欠かせない仲間たちをご紹介！

## 田中雅功の楽器

**エピフォン “くまぽん”**

結成当初、一番最初に買って中学のときから使っているエピフォンの「John Lennon EJ-160E」。名前は“くまぽん”。弦高（ネックに対しての弦の高さ）が低くて初心者にも弾きやすい設計。「一番最初のギターがこれでよかったと心の底から思えるギターです」

**ギブソン “おこげさん”**

雅功がずっと憧れていたギブソンのギター「J-45」は高校入学のタイミングで購入。「僕の一生の相棒ですね。御茶ノ水の楽器屋さんで弾き比べて即決しました！　ガシッと弾かなきゃ音が鳴らないんですけど、ロー（低音）のプロフェッショナルです」

**K.Yairi “Kフカミ”**

岐阜県のヤイリギターで作ったK.Yairi「FMY-70」ベースのオーダーメイドギター。“Kフカミ”と命名。「オーソドックスなギターを作りたいなと思って作ってもらったギターです。めっちゃ上品な音で、結構溶け込むので、どこでも使えるギターですね」

**ヤマハ LJ36**

高3の夏ごろから使っているヤマハの「LJ36」は、2ndアルバムでも大活躍！「めっちゃいいギターです。最強！　鳴りが良くて1本1本の音がちゃんと聞こえるし、弾き方によってガシッとした音にもキラッとした音にもなるオールラウンダー！」

**お父さんのエレキ**

リッケンバッカーがずっと欲しかった田中父が数年前に手に入れた「330」。「普通のエレキギターと違って、穴が空いてるんですよ！　だから半分アコギみたいな感じで、温かみのある音がします。結構音の作り方とか扱いが難しいギターですね」

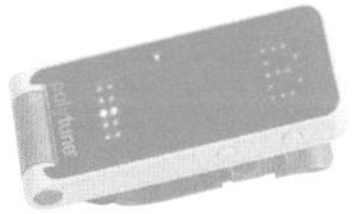

**高性能なチューナー**

高校入学くらいのタイミングで買ったt.c.electronicの「POLYTUNE CLIP」。「弦をジャーンって鳴らしたら6弦全部の情報を一気に表示できたり、いろんな機能が付いています」

**カイザーのカポタスト**

アコギ演奏に欠かせない道具。「スタンダードなヤツなんですけど、僕はなかなか慣れなくて最初違うカポを使ってたんです。でもこれが良いということで結構練習しましたね」

**Elixirの弦**

代表的なコーティング弦のひとつ。「基本的には、ずっとElixirの弦を使ってます。使い慣れてるのもありますし愛着もありますし、音も僕が使うギターにすごく合っています」

**オリジナルピック**

さくらしめじのロゴ入りオリジナル。色はPOPな黄色。「ダンロップの0.7ミリをベースに作っています。高校に入ってからオリジナルピックになって、最初めっちゃうれしかったです」

# 髙田彪我の楽器

**タカミネ“タカダぱふぱふ”**

高校入学のタイミングで購入したタカミネ700シリーズのカスタムモデル。色は、チェリーサンバースト。「ハイが鳴る感じで、個人的にめちゃくちゃ好きなギターですね。イコライザーや内臓されてるマイクも調整できたり、1本でもいろんな可能性があります」

**K.Yairi “タカダイリヤン”**

ヤイリギターで作ったK.Yairiの「YW-K13」ベースのオーダーメイドで、名前は“タカダイリヤン”。「結構クールな感じで。それまでハイ(高音)がキラッとしてる傾向のギターを使っていたので、ロー(低音)も広がるようなギターを作っていただきました」

**ヤマハ FG5**

高3の夏ごろに導入され、現在メインで使っている1本。「もともと僕が使ってるギターが日本のギターだったのもあって、弾きやすいですね。ガシガシ弾ける、昔ながらのオーソドックスなギターで。フォーク的なビンテージ感のある、レトロっぽい音が出ます」

**お父さんのエレキ**

髙田父が高校時代に使っていたという、Aria Pro IIのレスポール。髙田父のバンド「ZEALOT(ゼロット)」のステッカーが貼られている。「めっちゃ重くて肩が疲れるんですけど、そのぶん弾いてる感触が直に伝わってくるのがめっちゃROCKですね」

**シンプルなチューナー**

t.c.electronicのシンプルなチューナー。「もともと僕も雅功と同じ『POLYTUNE CLIP』を使ってたんですけど、何回か壊しちゃって。過去に3回くらい買い直して、今はこれを使っています。性能がいいです」

**カイザーのカポタスト**

タカミネ“タカダぱふぱふ”のピックガードの色に合わせて購入したカポタスト。「前に使っていたのも同じカポで、最初は初代ギターに合わせて青にしていました」

**D'Addarioの弦**

高校3年間いろいろな弦を試した結果たどり着いたD'Addarioのコーティング弦。「高校入ってからいろんな弦を試す時期があって、この1年くらいはこれを使っています」

**オリジナルピック**

さくらしめじのロゴ入りオリジナル。色は彪我セレクトのクリアべっこう。「CLAYTONの0.8ミリをベースにしたピックです」

**2代目“バリンタン”**

初代の“丹波輪”くんが引退してから使っている2代目タンバリンの“バリンタン”くん。「すごく軽いので、首にかけても肩がこらないし、手に持ってもリズムが刻みやすい!」

**K.Yairi ウクレレ**

ヤイリギターに行ったときに買ったソプラノウクレレ。忘年会ライブでも活躍。「家でギターを鳴らすと親に怒られるので、家で手軽に弾ける楽器が欲しくて買いました!」

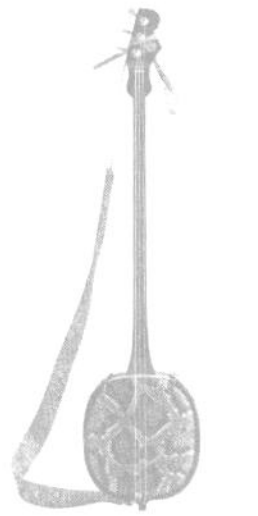

**三線**

「合言葉」をきっかけに買ったというペグ三線(ギター風ペグの三線)。「フレットがないし、爪を付けて弾くんです。ギターで言うとストラップで弾くような感じですね」

**ほかにもあります!**

初代ギターであるS.YAIRI「YE-48/BB」(名前は“タカダピョウガ”)は、現在修理中! 中学生のころから使っているヤマハのアコーディオン“ピロピロくん”は、最近も忘年会ライブに登場!!

さくらしめじの忘年会

# きのこりあんの集い

Gathering of KINOKORIAN

まとめ

2016年より毎年12月29日に光が丘IMAホールで行っている恒例の忘年会イベント『きのこりあんの集い』。高校3年間のさくらしめじの12月29日を、手書きの垂れ幕でまとめ!!!

2017.12.29　きのこりあんの集いvol.2

2018.12.29　平成最後のきのこりあんの集いvol.3

2019.12.29
きのこりあんの集い
vol.4

YAMAHA

木もれ陽の中の
春風キャンプ
in日比谷野外大音楽堂

下手ガク
OUTPUT
INPUT
GAIN
Blues Driver
BD-2
L.R. Baggs
venue
presence
treble
on
volume
clip
notch
tune
tone
gain
phase
bat chk

HARU
KAZE
CAFE

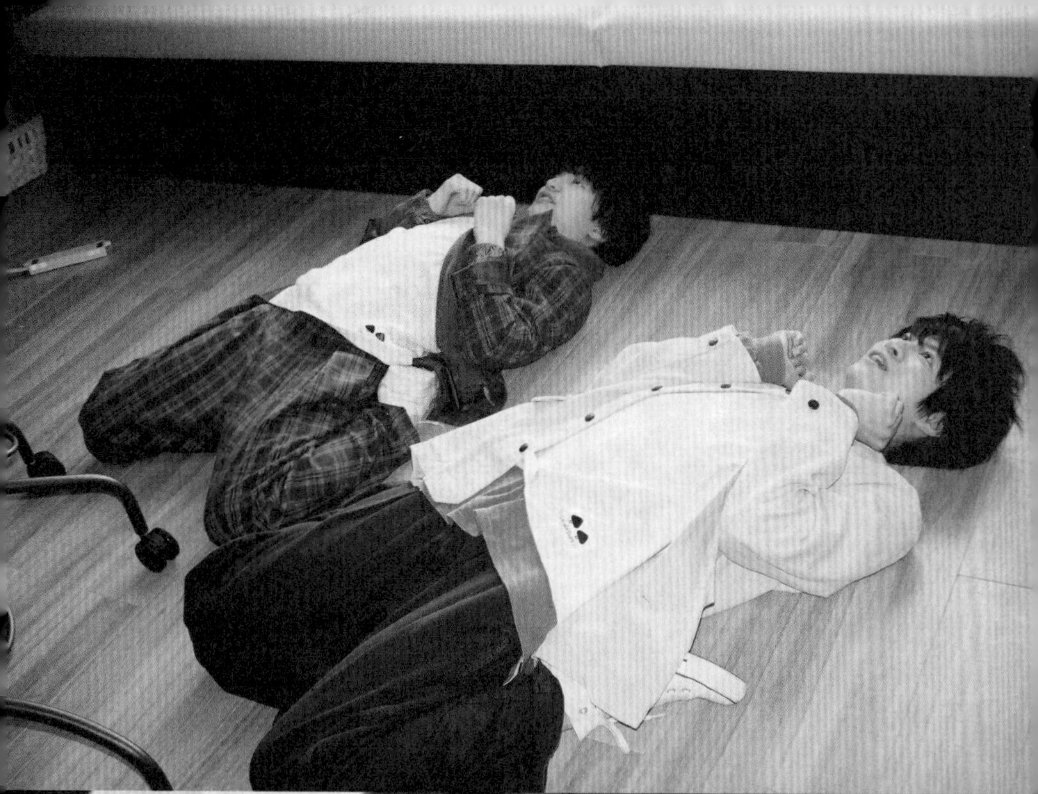

JR
盛岡駅
Morioka Station
IGR
いわて銀河鉄道

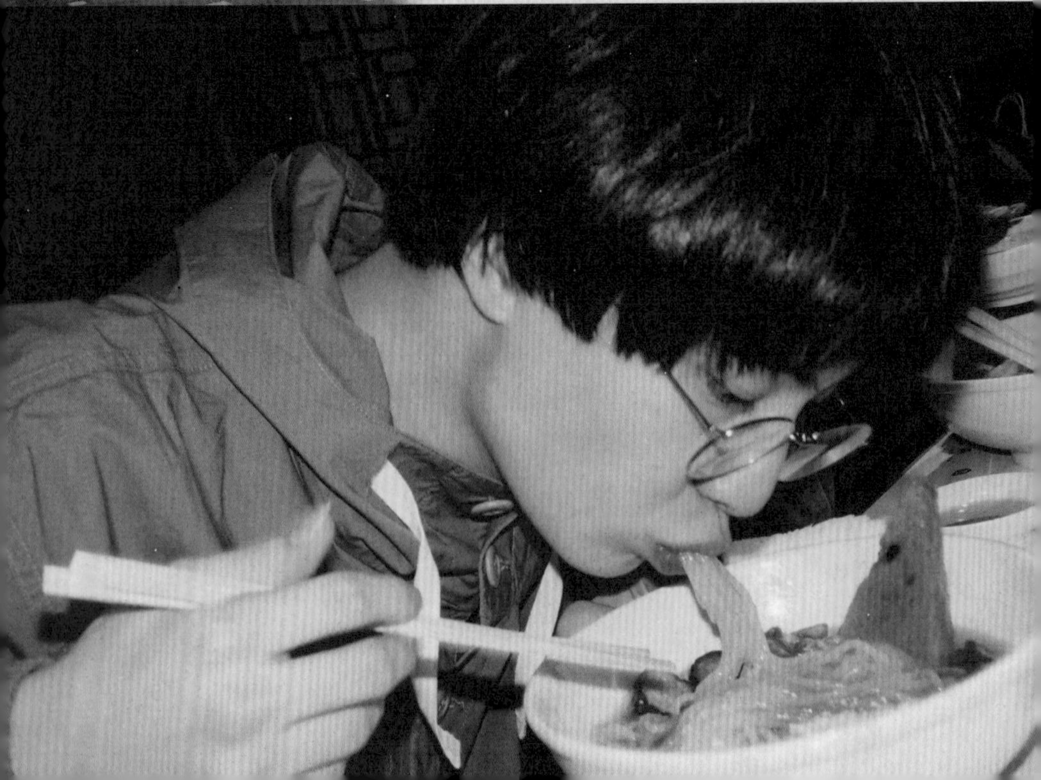

大津サービスエリア

グラウンド
体育館 講堂 校舎
9:00 開会式
9:30
10:00 保護者来賓入場
10:00
音楽部
ダンス部
12:30
さくらしめじ
LIVE

当店では両替できません
Can not change money at our shop
空のカプセル
BANDAI
CAPSULE STATION
何がでるかお楽しみ
?
200円

11 5'19

11 5'19

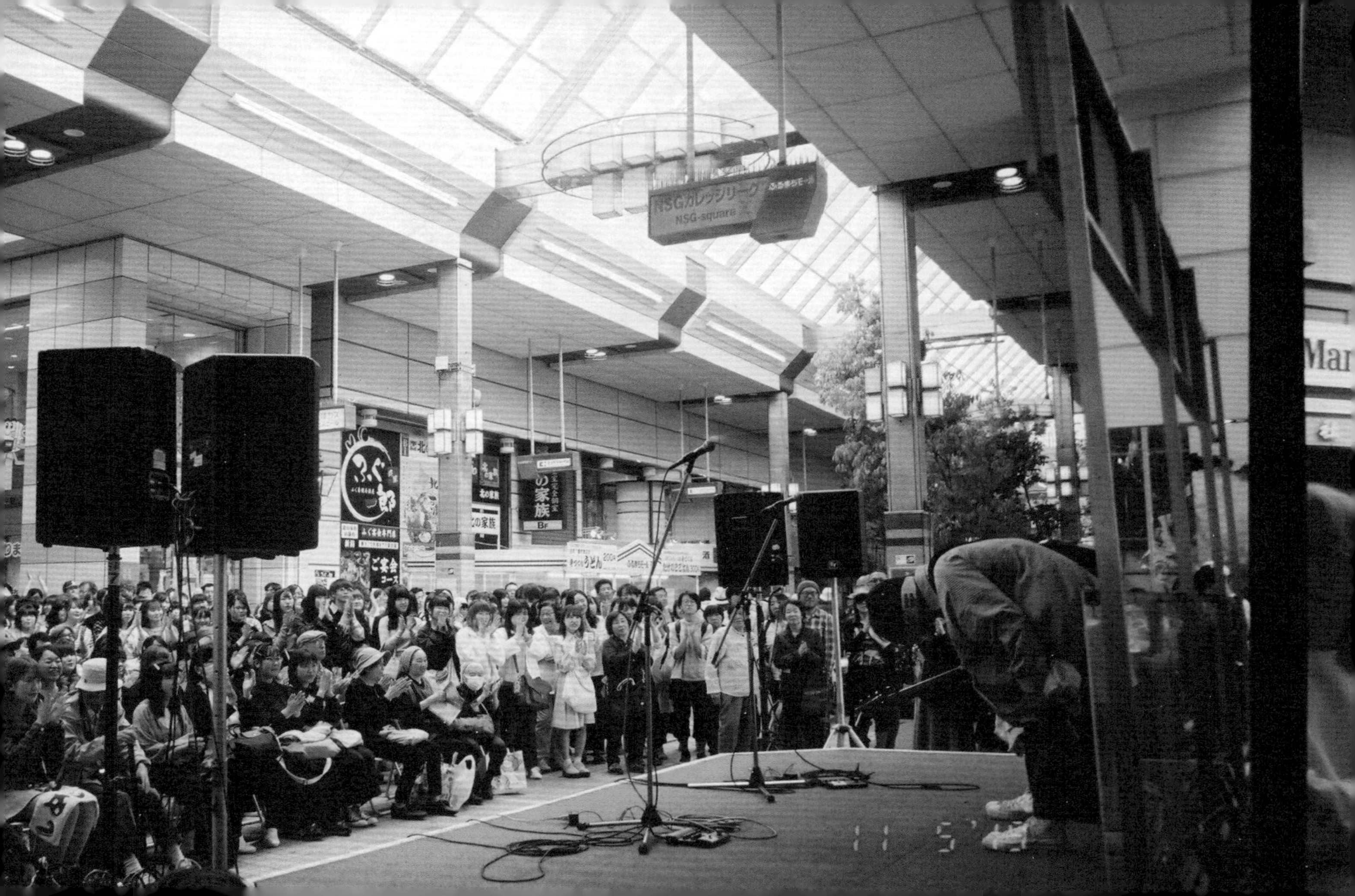
NSGカレッジリーグ
NSG-square
ふく郎
ご宴会
コース
の家族

こんなに何も考えずにはしゃげるのって
あとどれくらいなんだろう。
って考えてることにきづいて、また怖くなる。
砂浜に書いた文字が波にさらわれる様に、
僕の不安もいつかは消えるのだろう。
消えてしまう前に、
もっとたくさんのことを描いていこう。
描けるうちに、描ける分だけ、描いておこう。
大人になったらこの砂浜は、
どうなっているんだろうな。

gaku

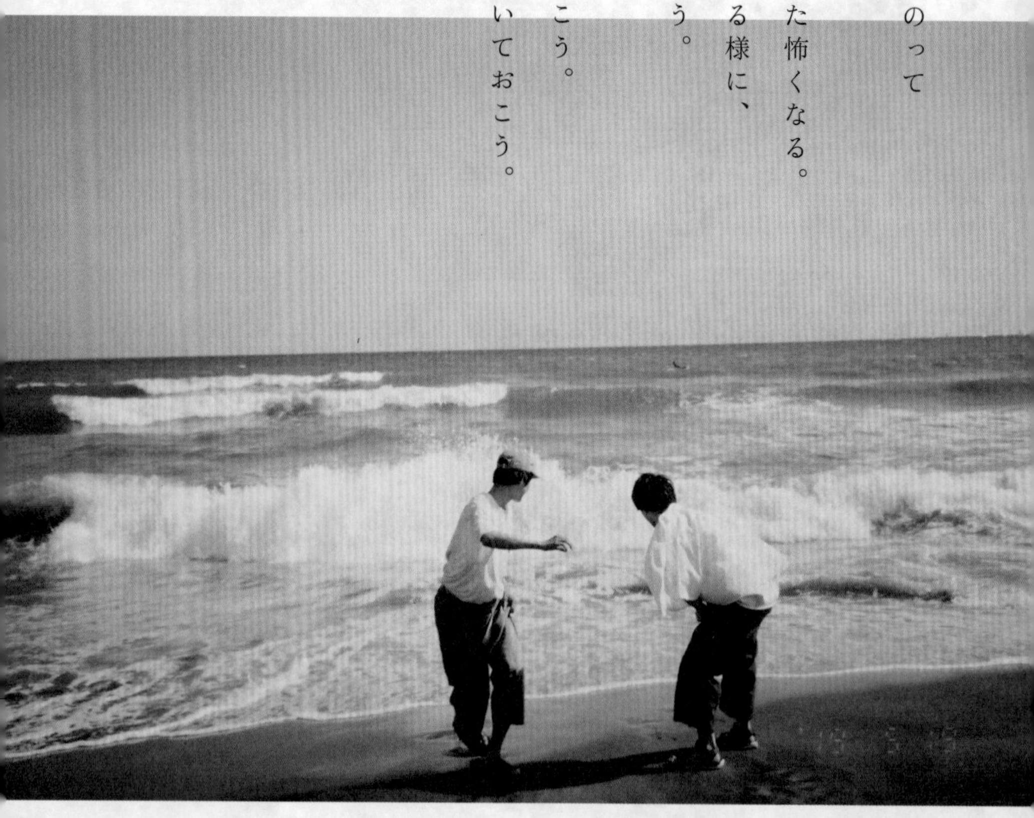

少しずつ大人に近づくにつれて、
大人になりたかったはずの心が、
大人になることを怖がっている。

'19 5 19

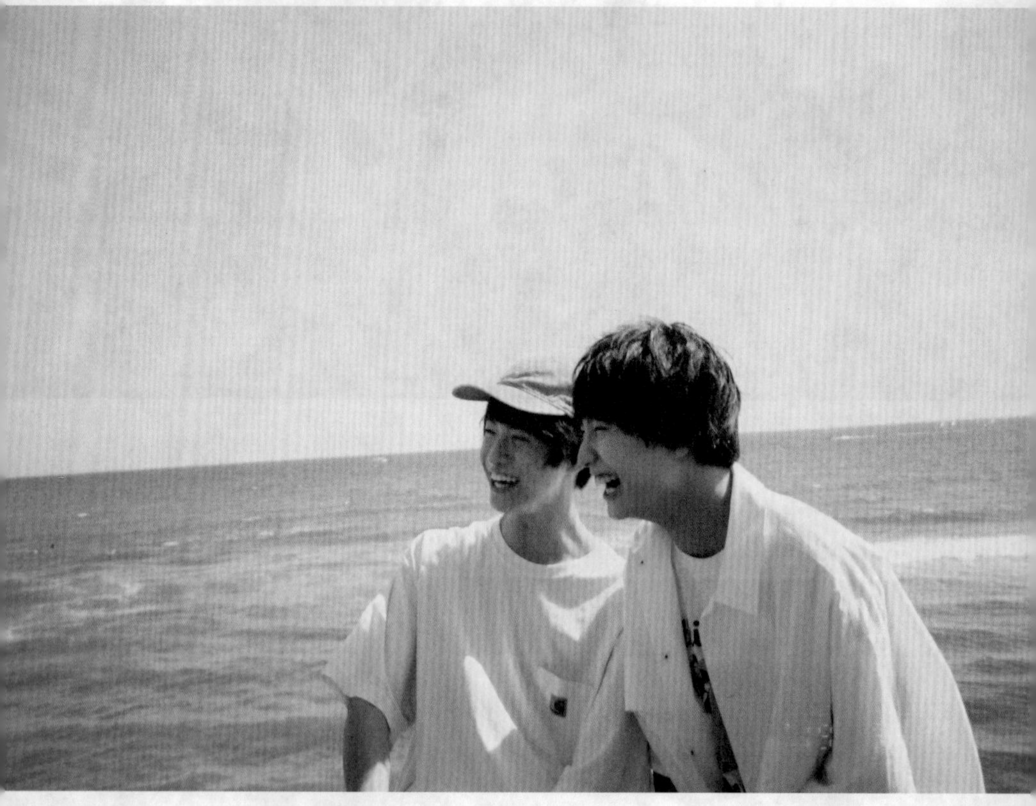

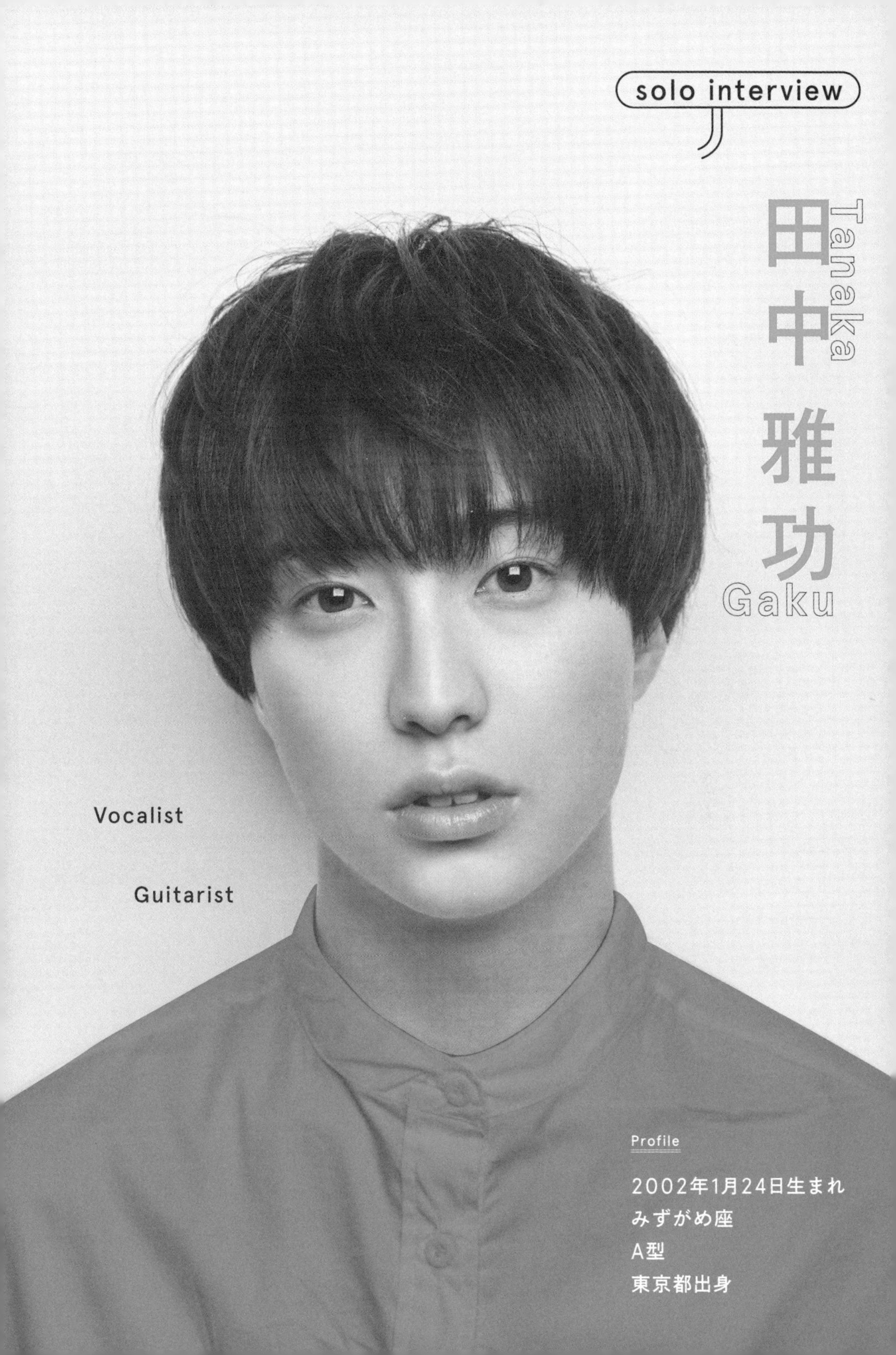

solo interview

# 田中 雅功

Tanaka Gaku

Vocalist

Guitarist

Profile

2002年1月24日生まれ
みずがめ座
A型
東京都出身

solo interview

**彪我にできて僕にできないことが**
**星の数ほどあると思いますし、**
**彼のことを天才だと思ってるんです。**

**――雅功くんはずっと「早く大人になりたい」って言ってましたよね。**

そうですね。早くハタチを迎えたいし、早くひとり暮らしもしたいし、早く大人になりたいです。だから、高校にそこまでの思い入れはなかったんですけど、いざ卒業ってなると、やっぱりちょっとさびしいっていう気持ちがあって。それは学校どうこうというよりは、10代が終わるっていうさびしさの方が強いんですよね。人生の中で学生でいられる期間は本当にちょこっとだけなので、「よかったのかなぁ～、僕の学生生活は」って思うというか（笑）。

**――何か悔いはありますか。**

いや、よかったかなと思ってますし、これ以上のものはないとは思うんですよ。きっとそう思えてるからさびしいんでしょうね。僕と彪我は、部活もやっていなかったし、他の同級生と比べて学校にいる時間は少なかったんです。でも、学校の友だちもすごい仲良くしてくれて。こないだもクリスマスを男友だちと2人でさびしく送ったんですけど、それも急に「このあと空いてるんだけど」って言ったら、「じゃあ飯行こう」ってなったんですね。2人でオムライスを食べたんですけど（笑）、そうやって、「高校生活は大丈夫か」って心配してくれる同級生がいるから大丈夫みたいなところはあって。そう考えるとやっぱり貴重だと思うし、僕の青春は全部ここにあったと思いますね。

**――彪我さんからは、完全なる陽キャラってお話がありましたけど。**

僕がですか？　全然ですよ！　ちゃんと仲いい子は5人くらいしかいなくて。中学のときはたしかに陽キャラだったと思います。でも高校入って、キャラを変えようと思ったんですよ。静かで、向こうの方でキャーキャー言われてるような感じになろうと思ってて（笑）。でも、性格を変えるのって……やっぱり無理じゃないですか（笑）。なのに変にスタート時点で静かにしちゃったから、ちょっと乗り遅れた感じになっちゃって、それを3年間ズルズル引きずって（笑）。結局、陽キャラになりきれず、みたいな感じでしたね。

**――（笑）。学生生活の中で思い出に残ってることは何かありますか？**

高3の体育祭かな。3年間ずっと体育委員だったんですね。赤団・黄団・白団・青団とあって、僕は3年生の時に白団だったんですよ。で、団長がクリスマスに一緒にオムライスを食べた友だちだったんですけど、彼が団対抗リレーのアンカーで、2位になったんですね。最後の最後に抜かしたと思ったんですけど、審判の人が2位って判断して、1位になれなくて、みんなで泣いて。青春だったな～。あの瞬間に僕の高校生活のすべてが詰まっていたような気がしましたね。

**――相方の彪我くんの高校生活はどう見えてました？**

彼はよくわかんなかったですね、陽キャラなのか陰キャラなのか、今もわかんない。友だちいないのかなと思ったら、別にそんなこともなくて。でも、休みの日に友だちと遊びに行くのかって言ったらそんなこともなくて。だってひとりで江ノ島行きます？

**――ひとりで行ってるんですか？**

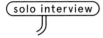

ひとりで江ノ島に行くし、ヘッドフォンショップに行くし。それだけ聞いたら『こいつ友だちいないんか？』って思うんですけど、僕より友だちとLINEしてるんですよ。だから、謎ですね、彼は。結果的には僕と同じ立ち位置なんだろうなって思います。1軍でもなく、2軍でもない、どっちでもない感じ（笑）。

**――（笑）。彪我さんは雅功さんにとってどんな存在になっていますか。**

ああ、あの……やだな、これ言うの（笑）。……僕、かもしれないです。僕自身。

**――確かに似てきたところもありますね。**

いや、そうなんですよ！　僕らライブで、どっちが自分の声かたまにわかんなくなるんですよ。でも、彼の方が器用だし、ギターも彪我の方がうまいし、キー的にも彪我が歌えて僕が歌えない曲はあるんですけど、その逆はない。彼にできて僕にできないことが星の数ほどあると思いますし、彼のことを天才だと思ってるんです。僕は天才と凡才のデュオだと思ってるので、中学のころはめちゃめちゃくやしいって思ってましたね。でも、今は、2人組だから一心同体だし、運命共同体じゃないですか。どっちか死んだらもう1人も死ぬみたいな。

**――すごいですね。もう何でもわかりあってますか？**

いや、全然わかんないです（笑）。でも、わかんないってことはわかってます。どうわかろうとしてもわかんないってことは、高校3年間を経て、わかったことではありますね。中学のときはわかった気でいたんですよ。オレはあいつのこと何でもわかる、みたいに言ってたんです。でも今は無理です。何を考えてるのか本当にわかんないし。

**――学校で「エイリアンって言われる」って言ってました（笑）。**

エイリアンですもん、だって（笑）。でも、もちろん嫌いじゃないし、好きだと思うし。そういう意味では、家族っていうのが、本当は正しいのかもしれない。親って、好きだから親になったわけじゃないし、好きだから子どもになったわけじゃないじゃないですか。嫌いなところもあるけど、親であり、子どもであることは変わらない。親との距離に近いような感じがするんですけど、やっぱり“自分”っていうのが今は一番しっくりきますね。

**――では、高校3年生になって、進路についてはどう考えてました？**

最終的に大学に行くことにしたんですけど、いろんな大人に相談したし、進学するべきかするべきじゃないかみたいなところから悩んでいて。高1のころは何となく大学に行こうかなって思ってたんですけど、高2の最後のころに、結成当初から一緒にやってきた音楽制作のスタッフさんが辞めちゃって。僕と彪我の中では大ニュースだったんですよ。今も早くどうにかして呼び戻そうっていう考えなんです、僕は。そのためにもっとがんばらなきゃいけないなって思ったときに、大学なんて行ってる暇があるのか？と思ったんです。大学に行くなら小説や歌詞を書きたいので、言葉を勉強したいって思っていたんですけど、それを勉強するために大学に行く必要ってあるかなって思っちゃって。で、1回、行かないってことにしたんですけど、僕の進路について、家族会議をしまして（笑）。親やマネージャーさんに「いろんなところを見てきた方がいい」って言われて。最初はその時間が無駄だと思ってたんですけど、だんだん冷静になって考えたら、それもいいかなと思ったし、高校で友だちに出会えたように、学校はきっかけをもらえる場所でもあるなって。僕はきっと、大学に行かなかったら、家にこもって音楽作ってるか散歩してるかどっちかだろうなって思ったんで、きっかけをもらいに行こうかなって考え直して、ギリギリで行こうって決めましたね。

**——大学では何を学ぶんですか？**

言葉というか、表現の仕方を学ぶつもりです。野音のバスツアーをきっかけに『バスロマン』『バスロマン2』『バスロマン3』という小説を書いたんですけど、それ以外にも個人的に書いていて。最近では、ツイッター小説を始めました。

**——小説や役者といった音楽以外の活動についてはどう考えていますか。**

全部やっていきたいですし、それが最終的にさくらしめじに返ってきたらいいなって思ってます。そこで得たものとかが返ってきたらいいなって。そのためには文章ももっとがんばらなきゃいけないし、やることは増えて大変にはなると思うんですけど、楽しいのが一番だなって思うので、その楽しさが最終的にはさくらしめじに返ってくればいいなと今は思ってます。

**——どちらにしてもさくらしめじを第一に考えてますよね。**

そうですね。Q&A（P150～151）の「さくらしめじとは何ですか」っていう質問にも「酸素」って書いたんですけど。

**——2019年の『きのこりあんの集い』では「必需品」って言ってました。**

酸素ってそれこそ必需品じゃないですか。当たり前だし、地球にいるかぎりは絶対必要じゃないですか。そういうことだなって思って。

**——音楽でやっていくんだっていうのはどの時点で決めましたか。**

たぶん前から思ってはいたんですけど、自覚したのは最近ですね。

**——彪我くんは、ストリートライブの初日って言ってました。**

絶対嘘ですよ（笑）！　中1で腹決めます？　僕は超最近です。やっぱりさっき言ったスタッフさんが辞めたのが大きかったですね。マネージャーさんと、そのスタッフさんと、僕と彪我。ずっと4人でやってて。菌活で全国に行くときもそのスタッフさんが運転してまわってたんです。今もときどき思い出して泣けてくるんですけど、初期の歌は全部その人の色なんです。年齢的にも近くてお兄ちゃんみたいな感じの人だったんですよね。本当に何でもできる人だったから、その人が「ちょっとお話があるんですけど」って言う前から僕、泣いちゃって。それだけ僕の中では大ニュースだったので、売れて、その人と絶対にまた仕事をするって思ったときからかなと思います。

**——この5年間というスパンでは、さくらしめじに対する考え方は変わりましたか。**

漠然としたものからくっきりと形が見えてきたなって感じはしますね。一生やっていくってはっきりと思うようになりました。中学生のころはどうしてもまだ先のことだからよくわかんなかったし、もちろんずっと続けていきたいって気持ちはあったけど、たぶん今より全然ちゃんと考えてなかっただろうなって。

# Gaku Tanaka

くっきりと形が見えてきた感じはしますね。さくらしめじを一生やっていくってはっきりと思うようになりました。

**——漠然とはしますよね、まだ。**

でも、最近は、さくらしめじっていうものがくっきり見えてきたというか。それこそなきゃいけないもの、必需品にちゃんとなってきたなっていう感じはしますね。まだ完璧に自分たちのものにはしきれてないけど……。辞めていったスタッフさんも含め、今までさくらしめじを作ってきてくれた人たちのさくらしめじの完成度って相当なものだと思うんですよ。それを僕たちのものにするって言ったらまだまだなんですけど、自分たちのものにしようっていう気持ちは出てきてますね。自分たちのやることには責任を持って、与えられるだけじゃなくて自分たちから何かを発信していこうっていう気持ちになっています。

**——さくらしめじを楽しくないと思ったことはないですか。**

ないですね。もちろんキツいなっていうのはありますけど、そのキツいって楽しいの中にあるキツいだから。さくらしめじが楽しくない、やりたくないっていうのは思ったことないですね。これ、親にもよく聞かれるんですよ。

**——スタートは与えられたものですよね。**

個人的にはそこがコンプレックスとしてあって。バンドマンだったら自分たちでやって、下積み時代があるじゃないですか。僕らにはそれがないっていうのが意外とコンプレックスだったりするんですけど、だからこそできることがあるのかなって、最近ようやく思いはじめて。遅いなぁ～とは思うんですけど（笑）。

**——でも、より奇跡的だと思いますけどね。『EBiDAN』の番組内で選抜された2人が、結成後は1回も辞めたいと思うことなく、ずっとさくらしめじのことを考えてるっていう。**

そうですね……。楽しいことがあると人はそっちに目がいきがちだと思うんですけど、ここには彪我もいれば、スタッフさんもいたし、他にも魅力的な人たちがたくさんいるので、「あ、楽しいからあっちに行こう」って思うこともなく。魅力がたくさんあるんですね、さくらしめじには。だから、ずっと楽しいまんまですね。

**——その魅力って何ですか。**

音楽が楽しいのはもちろんなんですけど、一番は人だと思います。みんなと話してる中で、僕自身も気づきがある。一緒にやってくれる人、聴いてくれる人、彪我。たくさんの人がいるからたくさんの魅力があるなって思いますし、もっと一緒にやってくれる人が増えるように、魅力が増えるようにがんばろうって思ってます。

**——最後に高校卒業後の目標をお願いします。**

ブログのコメント欄に「ずっと彪我と一緒にやってください」っていうメッセージが多いんですけど、さくらしめじは、続けたいじゃなくて続けるし、何があっても2人でやっていくので安心していてほしいですね。というか、もう1歩上のステージにいって、みんなが僕のブログにそういうコメントを書かなくてもいいくらいの大きな存在になりたいです。さくらしめじとして世間に認めてもらえるくらい大きくなっていこうと思ってますので、皆様どうぞ安心してさくらしめじの音楽を聴いていただけたらいいなと思っています！

# Q&A100

## 田中雅功に100の質問しちゃいました

**Q1. 好きな食べ物は?**
うどん・サーモン・そばめし

**Q2. 嫌いな食べ物は?**
キャベツの芯

**Q3. 好きなお菓子は?**
しみチョコ

**Q4. 好きな色は?**
緑

**Q5. 好きな香りは?**
石けん・畳・お線香・甘いやつ

**Q6. 好きな本(作家)は?**
伊坂幸太郎・三秋 縋

**Q7. 好きなマンガは?**
『スラムダンク』『僕のヒーローアカデミア』

**Q8. 好きなアニメは?**
ジブリ・ディズニー・ピクサー

**Q9. 好きなテレビ番組は?**
『M-1』『にちようチャップリン』
『水曜日のダウンタウン』

**Q10. 好きな映画は?**
『ジャック』『トイストーリー』
『千と千尋の神隠し』

**Q11. 好きなお笑い芸人は?**
和牛・千鳥・NON STYLE・
かまいたち・ダウンタウン

**Q12. ボケ派? ツッコミ派?**
選ぶことなどできなかったです……

**Q13. 好きな季節は?**
冬

**Q14. 好きな漢字は?**
一

**Q15. 好きなファッションは?**
ゆるカジュ

**Q16. いつも読んでいる雑誌は?**
『ジャンプ』

**Q17. 一番好きなアーティストは?**
クリープハイプ

**Q18. 一番好きな曲は?**
「社会の窓」(クリープハイプ)

**Q19. 自分のテーマソングは?**
「そうだ、僕らは」(the peggies)

**Q20. 最近よく聴くCDは?**
『Same Thing』(星野源)

**Q21. カラオケでよく歌う曲は?**
「時よ」(星野源)

**Q22. 最近、感動したライブは?**
クリープハイプ

**Q23. 好きな言葉は?**
一言芳恩

**Q24. 好きな女の子のタイプは?**
ショートカット!!

**Q25. 女の子にしてほしいファッションは?**
ノームコア系

**Q26. ラブレターを書いたことがある?**
ないっす!

**Q27. 憧れの告白シチュエーションは?**
花火が打ちあがってバーンとなると同時に告白するけど、相手は「え? 何?」って言ってきて、僕は「なんでもない。」って言います。で、その帰り道、分かれ道にきたところで相手が「いいよ。」って突然言ってきて。「え?」ってなってると「さっきの話!」って言って走っていっちゃいます。「聞こえてたのかよ。」って1人で呆然としていたい。

**Q28. 自分はなにフェチだと思う?**
匂い

**Q29. 女の子に言われてうれしい言葉は?**
パパと結婚する!

**Q30. 理想のデートプランは?**
夏祭りに行って浴衣の彼女にオッてしたい。

**Q31. 銀河系に持って行きたいものは?**
さくらしめじのポスター

**Q32. こだわりのマイルールは?**
こだわらないこと!

**Q33. ライバルは誰ですか?**
髙田

**Q34. 家族からなんて呼ばれてる?**
がく

**Q35. 自分の部屋のお気に入りポイントは?**
日当たりが良い

**Q36. 友だちからなんて呼ばれてる?**
がく・がっくん・たなか

**Q37. 朝起きて最初にすることは?**
スマホを振ったり、計算したり、パズルしたり、写真撮ったり。

**Q38. 朝はパン派? ごはん派?**
パン! ごはんも好き

**Q39. 寝る前に必ずすることは?**
小説を読む。

**Q40. 寝るときの服装は?**
パジャマ

**Q41. 湯船につかる派? シャワー派?**
シャワー

**Q42. 体はどこから洗う?**
頭!

**Q43. 1日だけ女の子になるとしたら何をする?**
ツインテール

**Q44. もしも彪我くんと入れ替わったら何をする?**
彪我が知らない人と友だちになる。

**Q45. タイムマシーンがあったらいつへ行く?**
平安時代

**Q46. 宝くじで10億円当たったら?**
大勢の人を招待して、10億円当たったよパーティーを夜通し開催する。

**Q47. 1ヶ月オフがあったら何をする?**
世界のディズニーリゾートを巡る。

**Q48. 自分を色で例えると?**
緑

**Q49. 自分を動物に例えると?**
パンダ

**Q50. 長所は?**
良い加減なところ

**Q51. 短所は?**
いい加減なところ

**Q52. 特技は?**
誰とでも仲良くなること!
(僕が思ってるだけ?)

**Q53. 弱点は?**
忘れ物をする

**Q54. 得意科目は?**
体育!

**Q55. 先生に褒められたことは?**
気分によってリーダーシップを発揮する。

**Q56. 先生に怒られたことは?**
忘れ物をして……

**Q57. 得意なスポーツは?**
バスケ

**Q58. 取ってみたい資格は?**
インテリアコーディネーターの資格

**Q59. やめられないクセは?**
ペン回し

**Q60. 前世はなんだったと思う?**
ヤンバルクイナ

**Q61. 客観的に見て自分はどんな人?**
アホで残念な人

**Q62. 自分にキャッチフレーズをつけて!**
当たって砕けた!

**Q63. 世の中で一番嫌いなものは?**
キャベツの芯

**Q64. 怒ったらどうなる?**
静かになる

**Q65. 今、会ってみたい人は?**
三秋 縋

**Q66. 今、一番欲しいものは?**
ヘッドフォン

**Q67. 今、チャレンジしたいことは?**
ピアノ

**Q68. ライブ前に必ずすることは?**
ストレッチ

**Q69. ライブ後に必ずすることは?**
炭酸を飲む

**Q70. きのこりあんはどんな存在?**
家族

**Q71. きのこりあんに聞いてみたいことは?**
さくらしめじはどんな存在?

**Q72. チャレンジしたい楽器は?**
ピアノ

**Q73. 座右の銘は?**
一言芳恩

**Q74. 最近のマイブームは?**
Twitter小説を読み、書くこと。

**Q75. 最近の失敗は?**
学校の登校時間に起きた

**Q76. 最近一番面白かったことは?**
ヘビだと思ったらひもだった。が、本当に起こりました。

**Q77. 最近一番ムカついたことは?**
彪我がボイトレに行かなかった。

**Q78. 最近泣いたことは?**
『M-1アナザーストーリー』を見て。

**Q79. 最近焦ったことは?**
家を出て、駅までの道のりでカバンを忘れていたことに気づいたとき。

**Q80. 親からよく言われることは?**
部屋を片付けろ

**Q81. ストレス発散法は?**
音楽を聴く!

**Q82. スマホの待受画面は?**
やらなくてはいけないこと

**Q83. 人として許せないことは?**
謝らない人。「あやまリズム」を聴いてください。

**Q84. 自分って天才!と思う瞬間は?**
誕生日おめでとメールを送る早さ

**Q85. 尊敬している人は?**
尾崎世界観さん

**Q86. 幸せを感じる瞬間は?**
ハッピーエンドの物語を読み終えたとき。

**Q87. UFOは信じる?**
信じます!

**Q88. 幽霊は信じる?**
信じます!

**Q89. 世の中で一番怖いモノは?**
母

**Q90. さくらしめじの新しいキャッチコピーを!**
みんなを僕らの傘(音楽)の下へ

**Q91. 最近見た面白い夢は?**
干上がった川に水が流れる夢

**Q92. 旅行するならどこに行きたい?**
外国ならカナダ、国内なら北海道。

**Q93. 無人島にひとつだけ持っていけるとしたら?**
めっちゃ面白いヤツ

**Q94. 地球最後の日に食べたいものは?**
うどん

**Q95. まだ誰にも言ってない秘密は?**
ポータブルDVDプレイヤーを買いました。

**Q96. 何か予言して!**
田中雅功の身長は伸び続けるでしょう。

**Q97. 自分にとって“さくらしめじ”とは?**
酸素

**Q98. 中学生の自分に一言!**
もっと前に出ろ!

**Q99. 高校生の自分に一言!**
ティーンって尊い。

**Q100. 未来の自分に一言!**
部屋片付けろよ〜!

Gaku Tanaka
卒業は、
終わることではない。
18 10 13
始まることだ。
みんなで一緒に、始めよう。
田中雅功

solo interview

Vocalist

Guitarist

# 髙田 彪我

Takada Hyoga

Profile

2001年10月23日生まれ
てんびん座
A型
東京都出身

solo interview

社会に出ていくっていう焦りもありつつ、無事、高校卒業することができそうでよかったなって思います。

**—— 高校卒業の心境から聞かせてください。**

中学卒業のときも言った気がするけど（笑）、やっぱり早いなって思いますね。高校に入学したときは3年生の先輩がいて。「ほとんど大人じゃん！」って思ってのに、その年代に自分がなって。社会に出ていくっていうちょっとした焦りもありつつ、無事、高校卒業することができそうでよかったなって思いますね。

**—— どんな3年間でした？**

一番最初に思い浮かぶのは、さくらしめじの活動ですけど、高校生活も楽しかったですね。僕の高校は個性あふれる方たちが多かったんですけど、友だちもいっぱいできて。いろんな方と仲良くできました。広く浅くでしたけど。

**——（笑）。広く浅くだったんですね。**

そうですね。高校は1学年6クラスあるんですけど、今でも初めて話す人がいて。みんなから「彪我って意外と変わってるんだね」って言われるんです。高校生活で「あ、僕って変わってるんだな」って思いました。

**—— どんなところが変わってるんですかね。**

「エイリアンみたい」って言われますね。

**—— あはははは。マネージャーさんもよく「宇宙人」って言ってますね。**

そうなんですよ。話してるテンポ感がみんなと違うみたいで。「めっちゃ不思議な人」って言われた3年間でした。

**——（笑）。中学との違いは？**

中学は、男子女子問わずみんなが仲良かったんですよね。でも、高校は、人それぞれに好きな人や嫌いな人がいて、みんなが友だちではないんだって思うようになったかなと思います。

**—— 学校はどんな場所でした？**

中学のころは、ちゃんと学校が学校としてあったんですよ。……高校に上がってから、学校が学校じゃなくなったんですよ。

**—— どういうことですか？**

中学は小学校から仲良かった人たちもいたけど、高校は全然知らない人たちばかりで、地方から来てる人もいて。他の人との距離が近くないというか。中学は同じ地域の人たちだからわかることもあったけど、高校は帰る場所も違うし、通学路も逆方向だったりする。学校じゃなくて、一種の演技レッスンに通ってるような感じだったんですよね。ただ、それが別にやだったっていうわけではなくて。さくらしめじでいろんな人たちと話して、高校でもいろんな人たちと話して。“いつも通りがない日々”だったかなと思いますね。

**—— 学生役として学校に行ってるような感覚ですか？**

そうですね。それに近い感じがしますね。

**—— いつも通りはどこに？**

家にいるときですね。寝てるときはいつも通りでした。あはははは（笑）。

**——（笑）。中学の友だちは芸能活動を始める前から彪我くんを知ってるけど、高校の友だちは出会ったときからさくらしめじをやってたというのもあるんでしょうか。**

そうですね。でも、いまだに驚かれることもあって。芸能活動をしてる子は、そういう話をされたくないっていう人もいるんですけど、僕は逆で、

できればもっとされたかったんですよ。学校でも有名になりたいって思っていたんですけど、端の方に居座った3年間でした（笑）。だから、友だちから『合言葉』のMVを見たよって言われたときはうれしかったですね。

**——雅功くんの高校生活はどう見てた？**

彼は女の子の友だちも男の子の友だちもいっぱいいる、スーパー陽キャでしたね。毎日、放課後に練習で会ってたんですけど、まず、学校の話が出てくるんです。僕も友だちはいるけど、内容がない会話しかしてなくて。ほとんどノリとテンションで話してる感じなので、特に話せるような話題がないんですよ。でも、彼はいろんな友だちと内容の濃い話をしてて。あの人たちが付き合ったとか、いろんな話を持ってきて。充実してていいなって思いますね。

**——彪我くんは学校の友だちとどっかに行ったりとかは？**

休みの日とか、たまにしてました。去年の年末はお台場に遊びに行って。「ラウンドワン」でワイワイしました。楽しかったですね。

**——青春ですね。**

青春だったんじゃないですかね。友人関係でのトラブルはほとんどなかったんですけど、高校の授業の時間は中学よりも長いので、帰り道が暗くなってるときがあって。暗い中を友だちとしゃべりながら帰ってるときとか、「ああ、いいな」って。そういう、ちょっとした青春は積み重ねていきましたね。

**——学校生活での思い出は？**

1年生のころの文化祭です。初めて文化祭を体験したんですよね。中学では学習発表会しかなくて。食べ物屋さんを出店したりする光景を生で見たのは初めてだったので、1年生のころの文化祭が思い出深いですね。

**——彪我くんは何を？**

お化け屋敷の牛のお化け役ですね。

**——あはははははは（笑）。なんで牛のお化け？**

うちの学校は自由に出店ができないんですよ。クラスごとに国が決められて。1年生のときは「トマト祭り」や「闘牛」で有名なスペインがテーマだったので、牛に追われながらトマトを探すっていうお化け屋敷をやって、僕は牛役をやりました。2年3年は準備だけがんばって、当日はお仕事で行けなかったんですけど、準備をするだけでも楽しかったですね。

**——3年間で変化したことはありますか？**

学校生活の中で友だちから勧められた曲を聴くようになって。聴く音楽の幅が広くなったし、他の人の音楽を聴いてるときに、参考になることがいっぱいあるんですよ。ベースラインがカッコいいとか、このドラムのパターンがいいな、とか。そういうのを聴いて、自分の作曲に生かすっていう心構えをするようになりました。スマホの『GarageBand』ってアプリに打ち込んでみたり。

**——キーボードも買ったんですよね。**

そうなんですよ。お年玉で今年の初めに買いまして。年末の忘年会では、園田（健太郎）さんっていう作家さんにベースをいただいて。あと、ドラムがあれば、1人でバンドが組めます！

**——（笑）。彪我くんはいろんな楽器を演奏してますよね。昨年のライブハウスツアーではエレキギターを解禁して。**

それまでもやってみたいなって思ってたんですけ

solo interview

**2人じゃなきゃ、さくらしめじじゃない。自分と雅功がいるから成り立ってるという自覚というか、責任感も芽生えてます。**

ど、フォークデュオだから弾いちゃダメかなって思ってたんですよ。でも、いろんな楽曲をやるようになったし、エレキを弾くことが新たなさくらしめじを作ることになると思ったので、2人で踏み出してみました。

**—— 三線も弾いてますよね。**

『合言葉』に三線が入ってて。ギターを弾いたときに少し違和感があるなと思って、三線を弾くようになって。

**—— ウクレレもアコーディオンもあります。**

2019年は活躍しなかったんですけど、ウクレレは2018年末の忘年会で弾いて。ウクレレだったら、夜に大きい音を出さなくても練習できるんじゃないかなと思って買いましたね。楽器に対する興味は、昔からあったんですけど、高校を卒業する今になって、より強くなってて。次はなんの楽器を買おうかなって、日々、考えてます。今は電子ドラムが欲しいので、お金貯めなきゃなって思ってます。

**—— アコギに関してはどうですか？　技術的にこの3年間で進化したものはありますか。**

アコギを始めてから、憧れのアーティストさんが出てきて。スラップギターのMIYAVIさんとか、対バンをさせてもらった大石昌良さんとか、特徴的な演奏をされる方がカッコいいなと思って。スラップギターに憧れて始めて、今、だいたい基礎ができたかなっていうところまできたんですね。まだライブで使えるところまではきてないけど、曲に生かせるようなスラップ技術を習得したいなって思いますね。

**—— 進路に関してはどう考えてました？**

高校生活とさくらしめじを両立していく中で、将来的にはさくらしめじをやっていきたいなと思っていて。その中で、いろいろと進路を考えてたんですよ。文系に行って、作詞の表現の力をつけようかなとも思ったり。これからも音楽を続けていくためにも、さくらしめじの活動につながることをいろいろ学びたいなと思って進学先を決めました。

**—— さくらしめじありきの選択肢ですよね。音楽で生きていこうって決めたのはいつごろ？**

さくらしめじを始めたときからですね。強いていうなら、路上ライブを始めたとき、ギターを持った瞬間から、もう「あ、僕は音楽をやるんだ」って突き進んでいきました。

**—— そこは迷いなく？**

迷ったことはないですね。

**—— 結成5周年を迎えた2019年は何度か「あなたにとってのさくらしめじとは？」という話題が出ましたが、今はどう答えますか？**

僕にとってのさくらしめじは、“人生の全て”ですね。さくらしめじによって、僕の人生は動かされたし、僕の人生のほとんどを占めている。さくらしめじをやってなかったら、もっと陰キャだったと思います（笑）。楽器を弾こうと思うのも、曲を作ろうって思うのも、いろんな曲を聞こうって思うのも、全てはさくらしめじがあるからだし、僕の全てですね。

**—— その中で、相方の雅功くんはどんな存在になってます？**

ほとんど家族のような存在だと思います。兄弟と

Hyoga Takada

か双子とかのくくりじゃなく、何も言わずともそこにいる存在みたいな感じですかね。ライブ中のフォローもしてくれますし、日々、助けられてます。

**―― プライベートでは遊んだりしますか？**

最近はしないですね。中3までは、休みの日に映画を観に行ったり、餃子を食べに行ったりしてたんですけど、今となっては、ほとんど毎日会ってるし、休みの日まで会うことないだろうってなって。だから特に遊びにいく約束はしてないですけど、さっき、3年ぶりに「チームラボに行こう」って誘われました。たぶん一緒に行くと思います。

**――（笑）。高校時代は毎日、放課後に事務所で練習してましたからね。**

そうなんですよね。さくらしめじは毎日活動です！　楽しいです。

**―― 嫌になったことはないですか。今日は練習したくないなとか。**

ないですね。もちろん、うまくいかないなって思うことはあるんですけど、練習をしなければ、うまくいかなかったこともうまくいくようにはならないので、日々、練習するって感じですね。

**―― 普通の高校生のようには遊べない日々でしたけど、それでも続けてきたのはどうしてだと思いますか。**

単純に活動が楽しいんですよね。音楽を作ったり、みんなの前で演奏したり、雅功と合わせるのが楽しいっていうのが一番です。それに、中1からさくらしめじの活動が始まって、中学の3年間、学校の友だちよりは遊べないのが続いていたので、ここまできたら高校も遊ばなくていいだろうって思って。それは、投げやりになったわけじゃなくて、ここまで続けてきたんだから、高校3年間で休みを増やすと、サイクルが狂ってしまうんじゃないかなって思ったんですよね。練習をちゃんと続けなければ、さくらしめじは続かないんじゃないかって。もしも急に明日の練習がなくなって、お休みになったら、個人的に焦ると思いますね。

**―― さくらしめじに対する思いは、この5年で変わりましたか？**

去年のライブハウスツアーで「さくらしめじがさくらしめじになる」っていうテーマを掲げていたように、さくらしめじとしての意識は変わってきたんじゃないかなと思ってますね。これまでは作家さんに提供してもらった曲を歌うことでさくらしめじを作ってきたけど、5周年を経て、これからは自分たち発信でさくらしめじを作っていこうっていう意識を持っていて。自分たちがさくらしめじを作っていくんだっていう意識は、年を重ねるごとに強くなっていってるなと思いますね。あとは、やっぱり、さくらしめじは2人なので、どっちかが欠けたらダメになる。2人じゃなきゃ、さくらしめじじゃないと思うので、自分と雅功がいるから成り立ってるんだっていう自覚というか、責任感も芽生えてます。

**―― 最後に今後の目標を聞かせてください。**

作詞、作曲、編曲もさくらしめじという曲を作りたいし、自分たちで作った曲でシングルのA面やタイアップを狙いたいですね。高校を卒業して、今後どうなっちゃうんだろうって心配してる方もいると思うんですけど、安心してください。さくらしめじは続いていきます。髙田も田中も日々、成長していきますので、これからも変わらず、応援よろしくお願いします！

# Q&A100

## 髙田彪我に100の質問しちゃいました

**Q1. 好きな食べ物は?**
うに・回鍋肉・にんにくがガッツリ効いたラーメン

**Q2. 嫌いな食べ物は?**
今のところなし!

**Q3. 好きなお菓子は?**
六花亭のバターサンド・エンゼルパイ

**Q4. 好きな色は?**
青

**Q5. 好きな香りは?**
強すぎない、花っぽい香り

**Q6. 好きな本(作家)は?**
東野圭吾

**Q7. 好きなマンガは?**
『ジョジョの奇病な冒険』第4部のハイウェイ・スター好きです!

**Q8. 好きなアニメは?**
まだちゃんと見てないのですが『あそびあそばせ』

**Q9. 好きなテレビ番組は?**
『出没!アド街ック天国』

**Q10. 好きな映画は?**
『リメンバー・ミー』

**Q11. 好きなお笑い芸人は?**
陣内智則

**Q12. ボケ派? ツッコミ派?**
友だちといるときはボケ派。

**Q13. 好きな季節は?**
秋

**Q14. 好きな漢字は?**
鰯

**Q15. 好きなファッションは?**
シンプル

**Q16. いつも読んでいる雑誌は?**
『東京Walker』

**Q17. 一番好きなアーティストは?**
ASIAN KUNG-FU GENERATION

**Q18. 一番好きな曲は?**
「橙」(ASIAN KUNG-FU GENERATION)

**Q19. 自分のテーマソングは?**
「ウェイクミーアップ」(Suck a Stew Dry)

**Q20. 最近よく聴くCDは?**
「潜潜話」(ずっと真夜中でいいのに。)

**Q21. カラオケでよく歌う曲は?**
「SHAMROCK」(UVERworld)

**Q22. 最近、感動したライブは?**
大石昌良『引き語りラボ』

**Q23. 好きな言葉は?**
人間讃歌は勇気の讃歌、人間のすばらしさは勇気のすばらしさ

**Q24. 好きな女の子のタイプは?**
ボブで気が合う人

**Q25. 女の子にしてほしいファッションは?**
落ち着いた色合いのファッション

**Q26. ラブレターを書いたことがある?**
ないです! 書くとしたら、紙ヒコーキにして飛ばしたいです。

**Q27. 憧れの告白シチュエーションは?**
デートの帰り、2人で夜ごはんを食べにいく。そのときの会話の中で自然に「なぁなぁ、付き合わない?」「え、いいよ。」

**Q28. 自分はなにフェチだと思う?**
目フェチ

**Q29. 女の子に言われてうれしい言葉は?**
そういうところ、嫌いじゃない。

**Q30. 理想のデートプランは?**
夏フェス!

**Q31. 銀河系に持って行きたいものは?**
チョコレート。頭を回転させるため。

**Q32. こだわりのマイルールは?**
寝る前に必ず楽器を触る。

**Q33. ライバルは誰ですか?**
自分

**Q34. 家族からなんて呼ばれてる?**
ひょうが

**Q35. 自分の部屋のお気に入りポイントは?**
電子ピアノがある。

**Q36. 友だちからなんて呼ばれてる?**
ひょうが・がっひょ・ひょが・たっかー

**Q37. 朝起きて最初にすることは?**
体を伸ばす

**Q38. 朝はパン派? ごはん派?**
パン派

**Q39. 寝る前に必ずすることは?**
楽器に触る。

**Q40. 寝るときの服装は?**
フード付きパーカに中学時代のジャージ。

**Q41. 湯船につかる派? シャワー派?**
シャワー派

**Q42. 体はどこから洗う?**
左手から

**Q43. 1日だけ女の子になるとしたら何をする?**
オキニのワンピで出かける。

**Q44. もしも雅功くんと入れ替わったら何をする?**
雅功が貯めているお金を使ってギターを買う。

**Q45. タイムマシーンがあったらいつへ行く?**
50歳の自分に会いにいく。

**Q46. 宝くじで10億円当たったら?**
スタジオを作る。

**Q47. 1ヶ月オフがあったら何をする?**
海外1人旅をする。

**Q48. 自分を色で例えると?**
青と白がにごったような色

**Q49. 自分を動物に例えると?**
タヌキ

**Q50. 長所は?**
好きなことに没頭するところ

**Q51. 短所は?**
すぐ人に任せてしまうところ

**Q52. 特技は?**
舌を180°回転させられます!

**Q53. 弱点は?**
虫の羽音を聞くとゾワッとします。

**Q54. 得意科目は?**
現代文

**Q55. 先生に褒められたことは?**
面接練習をしたときに「やっぱり場慣れしてるね」と言われた。

**Q56. 先生に怒られたことは?**
先生から借りた本で「明日返します!」と言って、次の日学校に持ってくるのを忘れるということを3日連続でやったこと。

**Q57. 得意なスポーツは?**
バドミントン

**Q58. 取ってみたい資格は?**
英検準2級。
あともう少しのところで落ちてしまったので。

**Q59. やめられないクセは?**
立ち上がるとき、必ず「よいしょ」と言ってしまうクセ。

**Q60. 前世はなんだったと思う?**
イワシ

**Q61. 客観的に見て自分はどんな人?**
The 変人

**Q62. 自分にキャッチフレーズをつけて!**
ヒト ジャナイヨ ウチュウジン!

**Q63. 世の中で一番嫌いなものは?**
急におどかしてくる人

**Q64. 怒ったらどうなる?**
頭がパカッと割れて、そこから小さいオジサンが出てきて説教する。

**Q65. 今、会ってみたい人は?**
陳 建一さんに会って、おいしい麻婆豆腐の作り方を教えてもらう。

**Q66. 今、一番欲しいものは?**
パソコン

**Q67. 今、チャレンジしたいことは?**
スカイダイビング

**Q68. ライブ前に必ずすることは?**
ストレッチ&食べる

**Q69. ライブ後に必ずすることは?**
ギターに感謝する。

**Q70. きのこりあんはどんな存在?**
さくらしめじの一員

**Q71. きのこりあんに聞いてみたいことは?**
普段どんな曲を聴いてますか?

**Q72. チャレンジしたい楽器は?**
ピアノ・ベース・ドラム・ヴァイオリン・カズー

**Q73. 座右の銘は?**
明日やろうは馬鹿やろう

**Q74. 最近のマイブームは?**
スニーカーの新着情報を調べること。

**Q75. 最近の失敗は?**
集合場所を間違えて遅刻をしたこと。

**Q76. 最近一番面白かったことは?**
家族に冗談で「これはニセモノのメーカーの靴だよ」と話したら本当に信じてしまったこと(ただのイジワルです)。

**Q77. 最近一番ムカついたことは?**
集合場所を間違えて遅刻した自分にムカつきました。

**Q78. 最近泣いたことは?**
スマホに熱い甘酒をこぼしてしまったこと。

**Q79. 最近焦ったことは?**
ギターのチューナーを1つなくして焦っています。あとお弁当箱もなくして焦っています。

**Q80. 親からよく言われることは?**
「早くしなさい!」

**Q81. ストレス発散法は?**
ヘッドホンで音楽を聴きまくる。

**Q82. スマホの待受画面は?**
水風船が散らばっている写真。田中と戦ったときに撮りました。

**Q83. 人として許せないことは?**
デマ情報を流すこと。

**Q84. 自分って天才!と思う瞬間は?**
目覚まし時計をセットした時間の30分前に起きたとき。

**Q85. 尊敬している人は?**
両親

**Q86. 幸せを感じる瞬間は?**
夜中、トイレに行きたくて目を覚まし、用をたす。その後、再びふとんの中に入る瞬間。

**Q87. UFOは信じる?**
信じる

**Q88. 幽霊は信じる?**
そこにいる

**Q89. 世の中で一番怖いモノは?**
怒りはじめた母

**Q90. さくらしめじの新しいキャッチコピーを!**
こんなに新鮮なフォークデュオ、見たことない!

**Q91. 最近見た面白い夢は?**
車を運転して、車体をぶつけまくる夢。

**Q92. 旅行するならどこに行きたい?**
フランス

**Q93. 無人島にひとつだけ持っていけるとしたら?**
抱き枕

**Q94. 地球最後の日に食べたいものは?**
蒙古タンメン中本の北極。

**Q95. まだ誰にも言ってない秘密は?**
誰にも内緒で、帰り道にこっそりタピオカを飲みに寄り道してます。誰にも言わないでくださいね? 母に怒られるので。

**Q96. 何か予言して!**
来週の今ごろ、たぶん良いこと起きます!

**Q97. 自分にとって“さくらしめじ”とは?**
人生のすべて

**Q98. 中学生の自分に一言!**
良い友だちがいるじゃないか! そのままでいいよ!

**Q99. 高校生の自分に一言!**
がんばって女子と話すんだ! 友だち増やせ! あとスケジュール管理ちゃんとして!

**Q100. 未来の自分に一言!**
ずっとギター弾いてて!

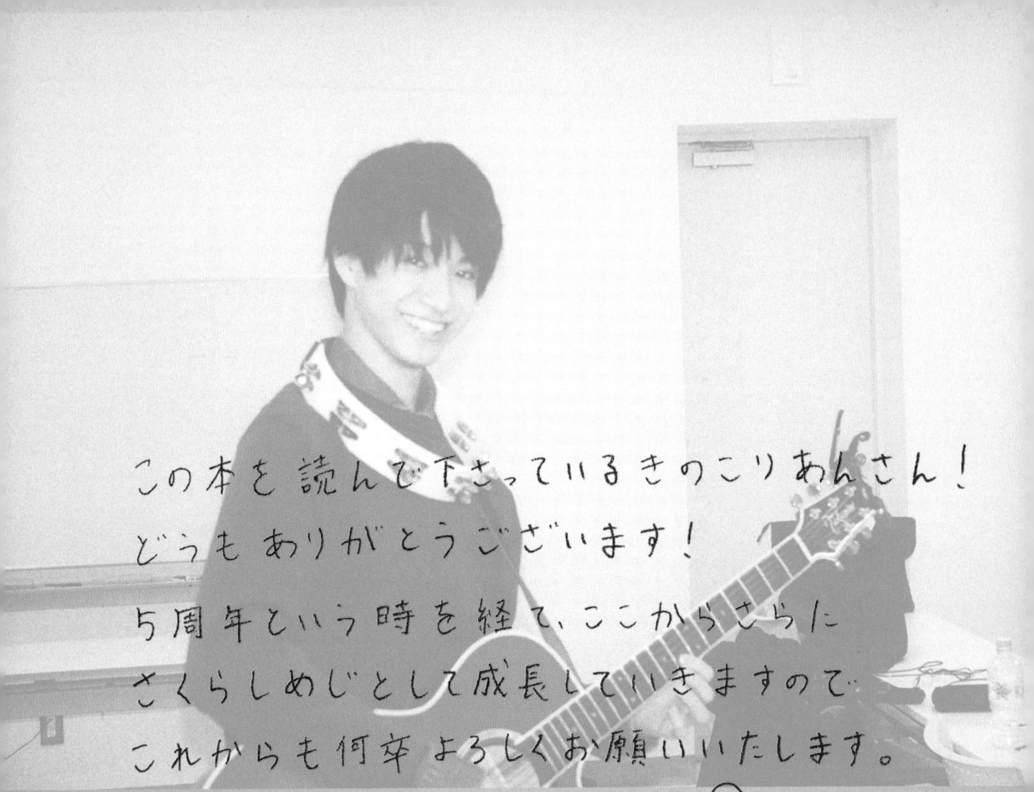

この本を読んで下さっているきのこりあんさん！
どうもありがとうございます！
5周年という時を経て、ここからさらに
さくらしめじとして成長していきますので
これからも何卒よろしくお願いいたします。
菌、撒き散らしていきましょう！

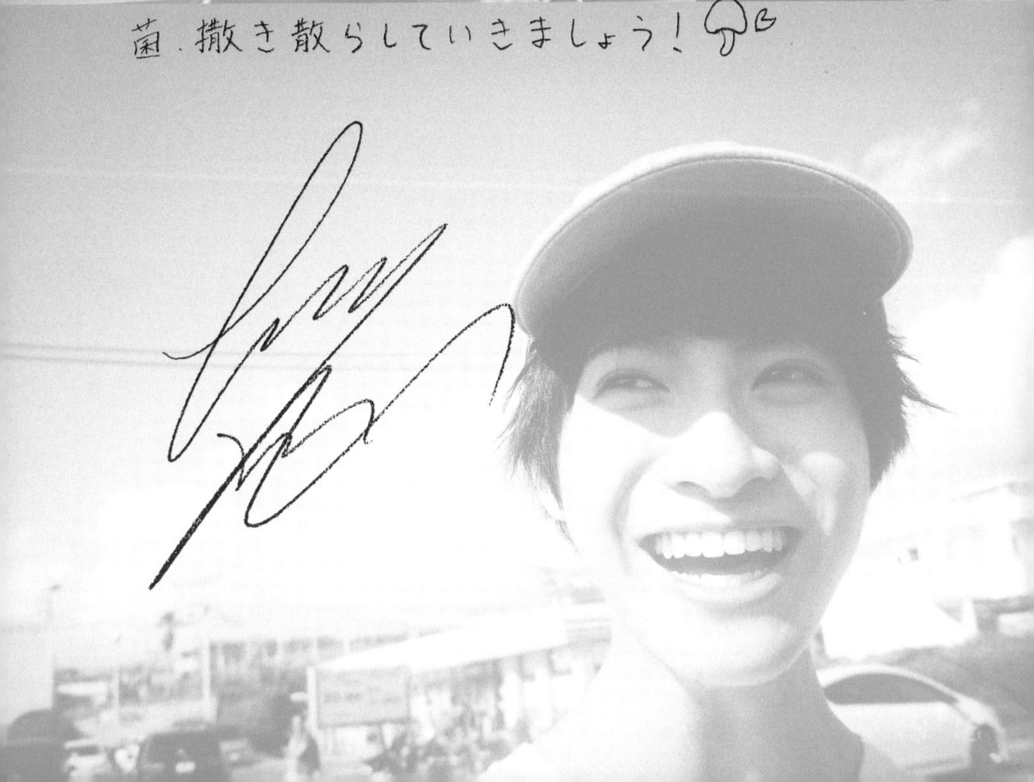

'19 6 14

'19 6 30

SAKURA
\祝5周年企画第1弾!/
ッ!菌!青春18本ツアー
#DO!KIN! Tour
'19 7 12

GAKU

善光寺
牛に引かれて
善光寺参り

パシャリ　水がかかった
どうしようもなく濡れた服
パシャリ　写真を撮った
どこにもない記憶と笑顔
夏の日の冷たさは
なによりも一番楽しいんだ
そこには何もいらないんだ
無理なままがちょうどいいな

どんなに泣いてもきっと
水しぶきが邪魔をして
いつの間にか笑顔になってる
なるがままに気の向くままに
その瞬間を大切に

*hyoga*

PASS
8 16

DAN
NANOOK
'19 8 17

絡船
うどん
絡船
うど

ようこそ!岡山へ

'19 7 27

'19 8 17

SAKURA
SHIMEJI
'19 8 17

列車・バス
時刻表
2019年8 月24日
TANIGAWADAKE

海峡プラザ

きのこりあんの集い vol.04
2019.12.29 SUN IMA HALL
+
=
うーあーの
さくらしめじ

himeji

LINE CUBE SHIBUY

# さくらしめじ高校卒業記念ブック
# 菌録アニバーサリー


**発行**　2020年3月27日　初版 第1刷発行

**著者**　さくらしめじ
**発行人**　細野義朗
**発行所**　株式会社SDP
〒150-0021 東京都渋谷区恵比寿西2-3-3
TEL 03-3464-5972（第3編集部）
TEL 03-5459-8610（営業部）
http://www.stardustpictures.co.jp

**印刷製本**　図書印刷株式会社





ISBN978-4-906953-86-8




ARTIST STAFF

MANAGEMENT 村山憂香里（SDR）

PROMOTER 田部鳴美（SDR）
DESK 右田由美子（SDR）

GENERAL MANAGER
宮下昌也（SDR）
山崎留美（STARDUST PROMOTION）

EXECUTIVE PRODUCER
菅谷 憲（SDR）
藤下リョウジ（STARDUST PROMOTION）
鈴木謙一（STARDUST PROMOTION）

GENERAL PRODUCER 細野義朗（STARDUST PROMOTION）

BOOK STAFF

ART DIRECTION & DESIGNER 柴田ユウスケ（soda design）
PHOTOGRAPHER
古川義高 ［表紙、P1〜16、P100、P110〜111、P113〜128、P145、P153］
村山憂香里 ［P33〜96、P129〜144、P161〜175］
埼玉泰史 ［P20、P21、P23、P25、P26］
ハヤシサトル ［P20、P22］
大庭 元 ［P18〜19、P24、P25］
鈴木友莉 ［P27、P28〜29、P30、P31、P32］
POETRY さくらしめじ
STYLIST 宮本愛子
［表紙、P1〜16、P100、P113〜128、P145、P153］
HAIR & MAKE-UP 片岡順子
［表紙、P1〜16、P100、P113〜128、P145、P153］
WRITER 永堀アツオ ［P101〜103、P146〜149、P154〜157］
EDITOR
木村未来（SDP）
矢澤美紀子（SDP）
SPECIAL THANKS きのこりあん

SALES STAFF
川崎 篤（SDP）
武知秀典（SDP）

EXECUTIVE PRODUCER 細野義朗（SDP）

衣装協力
**P1〜16［雅功］**ロングジャケット・ワイドパンツ／共にmoon bird（ shop.moonbird@gmail.com ）、スニーカー／adidas（ABC-MART 03-3476-5448）**［彪我］**コーチジャケット・ワイドパンツ／共にSENSE OF PLACE by URBAN RESEACH キュープラザ原宿店（03-6433-5548）、中に着たシャツ／moon bird、スニーカー／STEFANOROSSI（ABC-MART）
**表紙・P113〜128［雅功］**シャツ／moon bird、**［彪我］**中に着たロンT／SENSE OF PLACE by URBAN RESEACH キュープラザ原宿店、ほかスタイリスト私物